D1380242

LA CELLULITE

Éditeurs:
LES ÉDITIONS TRANSMONDE

Conception graphique
et illustration de la couverture:
MICHEL BÉRARD

Maquette intérieure:
GAÉTAN FORCILLO

(Les Éditions Transmonde sont une division de
Les Éditions La Presse, Ltée, 44, rue Saint-Antoine ouest,
Montréal H2Y 1J5)

Cet ouvrage a paru aux Éditions de l'Homme en 1981
sous le titre: La Cellulite.

Dépôt légal:
BIBLIOTHÈQUE NATIONALE DU QUÉBEC
2e trimestre 1987

ISBN 2-89374-010-3

1 2 3 4 5 6   92 91 90 89 88 87

Dr Jean-Paul Ostiguy

LA CELLULITE

COMMENT LA PRÉVENIR ET LA VAINCRE

Deuxième édition

transmonde

Du même auteur

Déjà parus:

Menus et recettes pour réception de gourmets et gourmands au régime.

Un programme de longue vie, (réédité sous le titre: *Santé et joie de vivre*).

Vous pouvez contrôler votre obésité, (réédité sous le titre: *Contrôlez votre poids*).

Sport-Santé et Nutrition.

Les livres de cuisine «Diète Gourmet» nos 1, 2 et 3.

Cuisine Santé Micro-ondes

Matériel audio-visuel *

Cuisine gastronomique diététique: vidéo-cassettes couleurs sur ruban de 30 minutes illustrant des recettes de cuisine.

Cuisine «Diète Gourmet», 13 émissions de 30 minutes.

Démonstration de «La Nouvelle Cuisine Pour Tous».

* Disponible auprès de l'auteur.

Contenu du livre

Chapitre I

La cellulite tant discutée

Quand le printemps approche ou quand vous pensez à un voyage dans les pays chauds, c'est le port du maillot de bain et les stations de bronzage au soleil qui vous préoccupent.

Il y a quelques années, cette préoccupation se manifestait surtout au printemps. Maintenant c'est devenu une préoccupation de toutes les saisons.

Cependant, ce n'est pas toujours agréable pour la femme qui a les cuisses, les fesses et les hanches bourrées de cellulite.

Que faire pour l'éviter ou s'en débarrasser?

On a beaucoup écrit sur le problème de l'obésité. Je crois qu'on a écrit encore davantage, cependant, sur celui de la cellulite. Il ne se passe pas un mois sans que l'une ou l'autre de ces revues dites féminines traite de ce sujet.

À qui se fier?

Ces revues qui se prétendent bien informées ne racontent pas toujours la même chose. Souvent même elles se contredisent et cela, au sein d'un même "titre", au fil des saisons.

On a proposé toutes sortes de recettes à propos de la cellulite. Cela ne veut pas dire qu'on ait toujours dit la vérité.

S'il y a un domaine où on propose une grande variété de recettes-miracles, c'est bien à propos de la cellulite. Et pourtant, comme pour le traitement de l'obésité, il n'existe pas de recette-miracle. *Il faut un traitement intelligent qui tienne compte de la physiologie du corps humain pour obtenir des résultats valables.*

Est-il possible d'obtenir de bons résultats?

Certainement, c'est une chose possible.

Mais il faut absolument laisser de côté tous ces traitements très spectaculaires, certes, mais qui ne traitent pas le sujet à la base.

Il faudrait que les femmes se mettent dans la tête que pour traiter la cellulite, il faut d'abord améliorer leur alimentation et l'adapter à leurs besoins. C'est un minimum.

Mais la bonne alimentation n'est pas tout.

Il faut surtout un *régime de vie* qui tienne compte d'une certaine quantité de *repos, sommeil, relaxation, détente* et aussi d'un certain programme d'exercice physique au sens de *conditionnement physique.*

Il faut aussi tenir compte des risques de la *constipation.* Cela peut jouer un rôle très important dans le développement de la cellulite en favorisant une accumulation plus grande de déchets dans l'organisme. Cette intoxication pourra favoriser l'apparition plus fréquente et plus rapide de la cellulite.

"La cellulite, cela n'existe pas" disent certains médecins

Le nombre des partisans de cette opinion tend à diminuer. De plus en plus de médecins admettent maintenant l'existence de ce que les femmes appellent la cellulite. D'ailleurs, s'il y a encore des médecins qui n'admettent pas la cellulite, il faudrait certainement consulter les femmes et même certaines femmes médecins qui, elles, l'admettent parce qu'elles en souffrent et doivent se faire traiter. Elles croient à un traitement possible pour avoir obtenu des résultats appréciables.

Une femme médecin à qui je rapportais les propos d'autres médecins disant que la cellulite n'existait pas m'a répondu que si dans un comité sur la cellulite il y avait une femme, la chose ne serait plus mise en doute.

* * *

Le mot "cellulite"

Je crois que la source principale de cette confusion qui fait que beaucoup de médecins nient l'existence de la cellulite comme telle réside dans le terme même de "cellulite".

La terminaison "ite" signifie une infection, une inflammation. Dans la "cellulite", ce n'est pas toujours le cas. D'autre part, si on s'en réfère aux auteurs américains, eux ignorent totalement le mot cellulite ou "cellulitis" pour ne parler que de "fibrositis".

Il a déjà été proposé qu'au lieu d'appeler cette affection cellulite, on l'appelle "cellulie". Ce serait certainement beaucoup plus logique.

Laissons de côté cette discussion de termes pour ne considérer que les faits et ce que le mot "cellulite" désigne dans le langage populaire.

La cellulite dans l'histoire

La cellulite n'est pas une maladie de notre époque. C'est un trouble de fonctionnement métabolique dont on retrouve aisément les traces dans le passé.

Si on visite un musée et que l'on regarde les tableaux des grands maîtres, Renoir par exemple, ou si l'on remonte plus loin dans le temps pour voir certaines oeuvres de Rubens ou d'autres peintres de son époque, on peut constater que les femmes représentées sur leurs tableaux étaient presque toutes très dodues. Si vous remarquez leurs cuisses, il est bien évident qu'elles sont littéralement bourrées de cellulite. *Il semble même qu'à cette époque c'était considéré comme tout à fait normal* et non comme une tare à la beauté.

D'ailleurs, de même que pour l'obésité, il faut tenir compte ici du fameux "complexe de la réussite".

Le complexe de la réussite

Ce que j'appelle le "complexe de la réussite", c'est tout simplement cette réaction du subconscient qui fait que lorsqu'on voit une personne obèse, on réagit *inconsciemment* comme si cette personne avait de l'importance, comme si elle avait mieux réussi dans la vie qu'une autre très maigre.

Il faut se rappeler qu'anciennement la plupart des gens ne mangeaient pas toujours à leur faim, quand ils n'étaient pas franchement sous-alimentés. Les *seules* personnes qui pouvaient engraisser étaient celles qui avaient gagné assez d'argent ou qui avaient une position sociale suffisamment élevée pour pouvoir manger *plus qu'à leur faim* donc finalement engraisser.

Comme la cellulite accompagne presque toujours (*à mon avis toujours*) un excès de poids, celle-ci était associée à l'obésité et signifiait elle aussi une position sociale au-dessus de la moyenne. J'ai bien l'impression qu'à cette époque, si l'on regarde la plupart des tableaux de maîtres, l'obésité était même, jusqu'à un certain point, un critère de beauté. Et ces obèses étaient bourrées de cellulite.

Quant à la cellulite elle-même, si on s'en réfère à l'*Encyclopédie de la Médecine*, il semble bien que c'est en 1926 qu'un dénommé Alquier a le premier parlé de "*cellulie*" et non pas de "cellulite" pour désigner une mystérieuse atteinte du tissu conjonctif sous-cutané. Plus tard on parla, et je cite toujours l'*Encyclopédie de la Médecine*, de "cellulalgie" pour désigner la douleur qui accompagne cette affection.

On sait que très souvent une cellulite très congestionnée et très dure est douloureuse à la palpation ou si la personne se frappe sur quelque chose de dur. Cela est dû au fait que, les tissus étant très congestionnés, les terminaisons nerveuses sont prises comme dans une gaine. Le moindre petit choc se répercutera donc non seulement sur une mais sur plusieurs de ces terminaisons nerveuses causant ainsi une douleur plus vive.

Ce n'est que très récemment qu'on a commencé à se préoccuper du traitement de la cellulite.

Toujours d'après l'*Encyclopédie de la Médecine*, il semblerait "qu'anciennement le manque de confort, la rareté des moyens de transport, l'inexistence de machine en général, obligeait à des efforts physiques constants, ce qui empêchait la cellulite de se développer. D'autre part, il semble bien que les femmes s'en souciaient beaucoup moins puisqu'elles ne se déshabillaient guère et ne s'exposaient jamais aux regards masculins fussent à ceux de leur mari. Pas de mini-jupe, ni de maillot de bain révélateur."

"Il semble bien que la cellulite n'ait pas été répandue dans la classe moyenne et la basse classe, anciennement, et que ce n'était que les gens haut placés qui en souffraient."

C'est évidemment difficile à contrôler.

Probablement que les médecins qui ont écrit l'*Encyclopédie de la Médecine* ont eu la possibilité de le faire d'une façon ou d'une autre. Il est bien évident que lorsque les femmes pouvaient tout camoufler sous des vêtements très amples, elles n'avaient pas à se soucier de la cellulite.

Je reprends la citation de l'*Encyclopédie de la Médecine*: "L'embonpoint, il est vrai, était de mode, signe d'épanouissement chez la femme et dissimulait assez bien les délabrements causés par les grossesses et les allaitements successifs. Dans tout cela, la cellulite passait plus ou moins inaperçue."

Ils en reviennent à ce que je disais plus tôt à propos du "complexe de la réussite".

Il est bien évident que la préoccupation des femmes à propos de la cellulite est née avec le fait qu'elles ont commencé à se découvrir les chevilles d'abord et à se baigner en maillot de bain ensuite, laissant voir une partie de leurs jambes et même davantage puisqu'on en est rendu maintenant à voir des plages où les gens se baignent complètement nus.

Chapitre II

Qu'est-ce que la cellulite?

Laissons de côté toute discussion à propos du terme qui la désigne et essayons de voir ce qu'est la cellulite.

Qu'elle en est la définition?

S'il y a un point où tout le monde n'est pas d'accord, c'est bien celui-là.

Pour certains médecins, la cellulite est une forme de graisse.

Pour d'autres, ce n'est que de l'eau.

Le docteur Dukan, qui semble être un des médecins les plus cotés à Paris à propos du traitement de la cellulite, la définit ainsi dans son livre *La Cellulite en Question*: "La cellulite est une forme de graisse emprisonnée dans certains territoires de l'organisme féminin, toujours localisée au même endroit (bassin, cuisses, jambes), rebelle au régime amaigrissant et ne disparaissant jamais spontanément."

Un point important à retenir dans cette définition, c'est que la cellulite est rebelle au régime amaigrissant.

Le docteur Dukan l'explique de la façon suivante: "La graisse ordinaire est un tissu de stockage qui accumule les calories sous forme de corps gras. En cas de privation ou de restriction alimentaire, l'organisme se sert de ces réserves et ces graisses-là peuvent fondre très rapidement... La cellulite, par contre, est un tissu irréversible qui contient bien une certaine quantité de graisse mais cette graisse est complètement emprisonnée. Elle ne peut plus se reconvertir en énergie."

Personnellement, je ne crois pas que la cellulite soit une sorte de graisse. Parce qu'en plus de l'inefficacité des régimes amaigrissants qui est, à mon avis, un argument contre le fait que la cellulite soit une sorte de graisse, il y a aussi le fait que *beaucoup de personnes maigres souffrent de cellulite.* On ne peut pas dire chez elles qu'il y ait une accumulation de tissus adipeux ou graisse.

Par ailleurs, pour les auteurs de l'*Encyclopédie de la Médecine:* "La cellulite est une rétention d'eau dans le tissu conjonctif par un lip-oedème (association chimique complexe d'un excès de graisse et d'eau). Cette infiltration remanie progressivement la texture du tissu conjonctif et crée une induration douloureuse de consistance particulière dans toute la région atteinte."

Cette définition, tout en gardant un certain rapport avec la définition du docteur Dukan, s'en éloigne quand même en insistant davantage sur l'infiltration d'eau que sur la présence de graisse.

Ils considèrent que cette infiltration d'eau se lie à des molécules de graisse pour former un tissu conjonctif *modifié.*

Pour d'autres auteurs, dont G. Laroche et Lemeurs-Bleutter, l'infiltration cellulitique serait une réaction de l'organisme aux toxines qui l'envahissent, ces toxines provenant d'une élimination insuffisante des déchets de combustion.

Pour d'autres, par ailleurs, tout se ramènerait à une perturbation métabolique locale du tissu interstitiel et à un dysfonctionnement enzymatique.

Définition de la cellulite

Si on s'en réfère à beaucoup d'autres auteurs et qu'on essaie de voir un peu le sens à donner à l'opinion de chacun, il semble que l'on puisse résumer ainsi: La cellulite est

1) une infiltration d'eau dans l'épaisseur du tissu conjonctif.
2) Cette eau, sous l'influence d'acides hyaluroniques entre autres et de déchets, etc., se transforme en une substance colloïdale
3) qui est fixée dans l'épaisseur du tissu conjonctif,
4) par association de l'eau à ce que l'on appelle les mucopolysaccharides, protéines présentes dans le tissu conjonctif.

Cette dernière définition est évidemment la mienne. C'est ma façon d'envisager le problème de la cellulite à la lumière de certains éléments des définitions précédentes et surtout de plusieurs années de pratique médicale concernant ces traitements.

Je m'explique un peu plus en détail.

1) La cellulite ne peut être une forme de graisse puisque des femmes maigres en souffrent.

2) De plus, si la cellulite était une sorte de graisse, la cellulite diminuerait en même temps que le poids quand la personne suit un régime pour maigrir, ce qui n'est pas nécessairement le cas.

3) S'il s'agissait d'une forme d'oedème, comme une autre définition le laisse entendre, un régime sans sel et des diurétiques feraient disparaître la cellulite, ce qui n'est pas le cas non plus.

Certes, dans les traitements que nous donnons contre la cellulite, en plus d'un régime bien équilibré, il y a recommandation de ne pas manger salé; nous donnons aussi de très petites doses de diurétiques et surtout, à ce moment-là, des injections d'enzymes.

Ces enzymes sont, à mon avis, tout au moins au début du traitement, absolument indispensables.

Leur rôle est de dissocier physiologiquement les molécules d'eau fixées aux mucopolysaccharides et formant cette substance colloïdale qui gonfle le tissu conjonctif et le transforme. Elles permettent par cette dissociation d'éliminer cette eau. Les caractéristiques de la cellulite sont donc, à mon avis, *une infiltration d'eau dans le tissu conjonctif et la transformation de cette eau en substance colloïdale ou gelée.* Cela est bien différent de la graisse.

Différence avec l'obésité

On sait que l'obésité est une accumulation de graisse à l'intérieur de la cellule adipeuse, ou cellule graisseuse, ce qui n'est pas le cas pour la cellulite. Évidemment, dans l'obésité, on constate aussi une forte accumulation d'eau extra-cellulaire et intra-cellulaire, mais cette accumulation diminue lorsqu'on prescrit un régime sans sel au cours d'un traitement pour maigrir.

Chapitre III

Phases d'apparition de la cellulite

Dans l'ensemble, les différents auteurs qui ont écrit sur la cellulite s'entendent assez bien sur son mode d'évolution.

Elle se fait en trois phases.

C'est donc dire que la cellulite apparaît lentement en général, quoique l'évolution soit très différente d'une personne à une autre. Chez certaines personnes, cette évolution peut se faire plus rapidement que chez d'autres.

Première phase ou phase de congestion

Dans la première phase, il s'agit d'abord d'une congestion locale due à la dilatation des vaisseaux sanguins.

Cette congestion peut être causée

par le stress,

par la présence d'hormones dues à la grossesse ou aux contraceptifs, etc.,

par des médicaments qui favorisent une certaine rétention d'eau,

par une maladie débilitante ou une longue convalescence, etc.

En un mot, toute situation physiologique demandant à l'organisme de fournir un effort dépassant souvent sa capacité.

Dans ces cas-là, les vaisseaux subissent une dilatation et on note un envahissement congestif du tissu conjonctif environnant.

Donc on retrouve un début d'infiltration d'eau.

Cette congestion n'est pas toujours très apparente. Il peut se passer plusieurs années avant que la personne ne s'en rende compte.

On définit habituellement cette situation en disant que *les tissus souffrent d'une mauvaise circulation.*

Cette mauvaise circulation peut donner comme signes

des marbrures bleutées sur la peau,

une plus grande sensibilité et, comme on l'a dit plus haut,

un tissu plus globuleux parce que plus congestionné.

* * *

Deuxième phase ou phase d'infiltration

C'est ici qu'on a vraiment cette infiltration d'eau dans l'épaisseur du tissu conjonctif décrite dans la définition de la cellulite. Cette infiltration devient beaucoup plus apparente et le tissu conjonctif devient plus congestionné.

Qu'est-ce que le tissu conjonctif?

Pendant longtemps, le tissu conjonctif a été considéré uniquement comme un tissu de soutien, comme un tissu de rembourrage autour de tous les organes et sous la peau.

Maintenant, le tissu conjonctif est considéré comme un "organe" essentiel. C'est en fait une même substance ou "milieu intérieur" qui entoure toutes les cellules du corps humain puisqu'on le retrouve dans tous les organes et autour de ceux-ci.

Ce tissu participe à tous les échanges vitaux entre les différentes cellules.

Il est constitué lui-même

de cellules,

de fibres et

d'une substance fondamentale qui est plus ou moins liquide selon les circonstances.

La composition du tissu conjonctif n'est pas toujours identique selon les endroits du corps où il se trouve. Par exemple, au niveau des tendons, les fibres seront plus nombreuses alors que sous la peau c'est la substance fondamentale semi-liquide que l'on retrouve en plus grande quantité.

C'est cette dernière particularité qui explique la possibilité de cellulite partout où ce tissu est mou.

Cette substance semi-liquide baigne la quasi-totalité de tous nos organes et représente près de 20% du poids total du corps. Elle forme ce qu'on appelle le "milieu intérieur". C'est une sorte de bassin riche en éléments nutritifs ou en déchets, en toxines, selon les cas.

La substance fondamentale est ce milieu semi-liquide dans lequel les substances nutritives sont emmagasinées et transformées.

C'est de là qu'elles sont utilisées par les cellules voisines.

Ce milieu semi-liquide recueille aussi les déchets pour les rapporter au niveau des vaisseaux et en favoriser l'élimination.

La substance fondamentale du tissu conjonctif est normalement dans un *état semi-liquide*. Elle peut se transformer *en gelée* lorsque les molécules de polysaccharides, qui sont en fait des molécules de sucre unies aux molécules de protéines, se réunissent pour former des molécules très complexes ou, au contraire, se séparent en molécules plus simples. Certains facteurs influençant l'état de santé général provoquent des transformations dans le tissu conjonctif qui se traduisent par des troubles que l'on décrit sous le nom de cellulite.

La substance fondamentale contient

de l'eau,

des sels inorganiques,

des protéines et

des complexes de polysaccharidiques (l'union des protéines et des molécules de sucre ou d'hydrates de carbone).

En plus de nuire à la circulation sanguine, cette *infiltration excessive d'eau* nuit aussi à la circulation lymphatique, d'où une plus grande accumulation de déchets et de toxines dans le tissu conjonctif.

La circulation lymphatique

On connaît la circulation sanguine, mais il existe aussi une autre circulation beaucoup moins connue et beaucoup moins précise dans l'organisme qui s'appelle la *circulation lymphatique* ou *vaisseaux lymphatiques*. L'ensemble de ceux-ci forme une circulation à sens unique, c'est-à-dire qu'ils ramènent la lymphe de la périphérie vers le coeur.

La lymphe, c'est le liquide jaunâtre qu'on trouve dans les espaces inter-cellulaires et qu'il nous arrive de voir sourdre à travers la peau à l'occasion d'une coupure ou d'une petite blessure. C'est comme du sang sans les globules rouges. La composition de la lymphe est donc assez voisine de celle du sang ou, plus exactement, du liquide qu'il y a dans le sang en dehors des globules rouges. La lymphe peut être transparente ou avoir un aspect opaque, laiteux, en particulier si on a mangé des aliments riches en matières grasses. La lymphe favorise les échanges nutritifs et surtout ramène les déchets des extrémités vers la circulation centrale, c'est-à-dire la circulation sanguine normale, pour être éliminés par les organes d'élimination comme le rein et le foie.

Cette deuxième phase dans l'évolution de la cellulite est beaucoup plus importante que la première.

À la première phase, la circulation lymphatique arrivait encore à fournir un travail normal.

Dans la deuxième phase, ce n'est plus possible.

La circulation lymphatique n'arrive plus à réabsorber l'eau qui s'est infiltrée dans les tissus.

Elle n'arrive plus non plus à éliminer les déchets et les toxines qui s'y accumulent.

On a essayé de dire que la cellulite était du lymphoedème. Les expériences rapportées par les auteurs de l'*Encyclopédie de la Médecine* montrent qu'il ne s'agit pas d'un problème de vaisseaux lymphatiques.

Ceux-ci n'en sont que les victimes.

Ils sont normaux mais *leur circulation est entravée par la congestion des tissus,* alors qu'on aurait pu croire qu'ils devenaient congestionnés à cause d'un mauvais fonctionnement du système lymphatique.

Troisième phase ou phase de transformation

Évidemment, dans la troisième phase, on assite à l'installation complète de ce que les femmes appellent la cellulite.

À la deuxième phase, le tissu conjonctif n'arrivait plus à éliminer les déchets par le système lymphatique.

À la troisième phase, la situation s'aggrave.

Ce sont les échanges nutritifs qui se ralentissent de plus en plus dans ce tissu engorgé de déchets et de toxines. Dans ces conditions, le tissu conjonctif devient plus fibreux et se transforme physiologiquement en un tissu beaucoup moins efficace, plus ou moins capable de favoriser les échanges nutritifs.

Puis la sclérose apparaît. Le durcissement du tissu augmente et finit par englober les nerfs, les vaisseaux sanguins et lymphatiques. On retrouve là la "fibrosite" décrite par les Américains.

C'est à ce moment-là que la cellulite peut devenir vraiment douloureuse.

Mais cela ne s'arrête pas là.

Les fibres du tissu conjonctif, qui à l'état normal sont souples et élastiques, disparaissent plus ou moins complètement. Le tissu conjonctif, étouffé et mal nourri, incapable d'éliminer ses déchets, ne réussit plus à produire une fibre élastique normale. Il se contente de former un tissu dur, un tissu fibrosé.

C'est à ce moment qu'apparaissent en grand nombre les nodules souvent douloureux qu'on peut facilement palper sous les doigts principalement au niveau de la face externe de la cuisse.

C'est le phénomène du grain de riz.

C'est là qu'apparaissent aussi ces bosses de cellulite qu'on appelle "culotte de cheval" sur les hanches, "la bosse de bison" sur la nuque, etc.

Cette évolution peut aussi bien se faire en une année qu'en plusieurs avec des périodes aigues où la cellulite augmente beaucoup et des périodes où elle reste à peu près stationnaire.

Cela dépend, évidemment, des différents facteurs en rapport avec les causes de la cellulite.

Je me rappelle une patiente que j'avais traitée pour la cellulite.

Celle-ci était presqu'entièrement disparue.

Peu de temps après, la patiente m'est revenue. La cellulite était toute réapparue à la suite du décès d'un être cher.

La tension causée par ce choc émotionnel avait fait réapparaître toute la cellulite.

Celle-ci n'était pas disparue depuis assez longtemps pour que le tissu ait pu se retransformer suffisamment et se protéger contre ce retour d'infiltration massive d'eau vite retransformée en substances colloïdales ou "gelée".

Enfin, c'est un exemple.

Il y en a beaucoup d'autres qui, tout en étant moins frappants, sont très remarquables.

Chapitre IV

Localisation de la cellulite

On trouve généralement la cellulite au niveau des cuisses, des fesses, des hanches. On en trouve aussi sur la nuque et on peut en trouver en profondeur. Alors on peut diviser les sites de la cellulite en

cellulite de surface et
cellulite de profondeur.

La cellulite de surface

La cellulite de surface est très apparente et amène une certaine déformation des cuisses qui incite les femmes à se faire traiter.

Mais, en somme, il est possible qu'il y ait de la cellulite partout où il y a du tissu conjonctif donc partout où il peut y avoir une infiltration d'eau.

C'est ainsi qu'on retrouve chez les femmes beaucoup plus de cellulite au niveau

des hanches,

des cuisses, face externe et interne et cela pourra

descendre jusqu'à la face interne des genoux, quelquefois jusqu'aux mollets.

On pourra en trouver sur les fesses. On pourra en trouver aussi

sur les bras,

dans le cou,

sur la nuque (bosse de bison).

Chez les hommes, on en trouve généralement sur l'abdomen. Ce que l'on appelle les "ventres de bière" sont en général l'équivalent de la cellulite que les femmes ont sur les hanches, les cuisses et les fesses.

De plus, chez l'homme, on pourrait en trouver aussi dans le dos, autour des omoplates et à la nuque comme chez la femme.

La cellulite chez l'homme a été reconnue de la façon suivante.

Il y a plusieurs années, on ne donnait pas d'injections d'enzymes aux hommes qu'on traitait pour l'obésité. Puis on s'est rendu compte qu'en leur en donnant, cela pouvait faire diminuer la "bedaine" et les bourrelets au niveau des hanches beaucoup plus rapidement. Nous en avons conclu que le tissu conjonctif dans ces cas-là s'était aussi infiltré d'eau en plus de la graisse. Comme les injections aident à éliminer cette eau, cela aidait à décongestionner plus vite ces tissus et à faire diminuer ces bourrelets plus rapidement, plus facilement.

* * *

La cellulite de profondeur

Comme le tissu conjonctif se retrouve partout autour des organes, on comprend qu'il est possible alors d'avoir de la cellulite partout dans l'organisme.

D'ailleurs, il arrive très souvent de rencontrer des gens que l'on traite pour la cellulite des cuisses, des fesses et des hanches et qui voient disparaître des maux de tête, par exemple, dont ils souffraient depuis de nombreuses années plus ou moins en permanence.

On pourrait croire à une coïncidence.

Pourtant non et voici pourquoi.

Lorsque le traitement contre la cellulite est terminé, on arrête les injections. Si au bout de quelques semaines ou quelques mois les maux de tête reviennent et qu'ils redisparaissent rapidement avec le même traitement (régime et injections), on est en droit, je pense, de conclure qu'il y a un lien de cause à effet entre le traitement anti-cellulite et la disparition de ces maux de tête. C'est un phénomène que l'on rencontre très souvent.

Si le tissu conjonctif se retrouve partout, il est normal qu'il y en ait dans les méninges ou enveloppes du cerveau. Cette congestion peut provoquer des maux de tête. Le traitement avec les enzymes, en décongestionnant ces tissus, peut donc enlever la douleur.

De même, il est arrivé de constater que certaines personnes avaient moins de douleur à la veille des menstruations après un traitement contre la cellulite. On sait qu'il y a souvent une congestion des organes génitaux internes à la veille des menstruations. Il arrive que dans certains cas ces femmes puissent être soulagées par l'utilisation d'enzymes.

Par ailleurs, les auteurs de l'*Encyclopédie de la Médecine* rapportent qu'on a très souvent confondu une cellulite due à

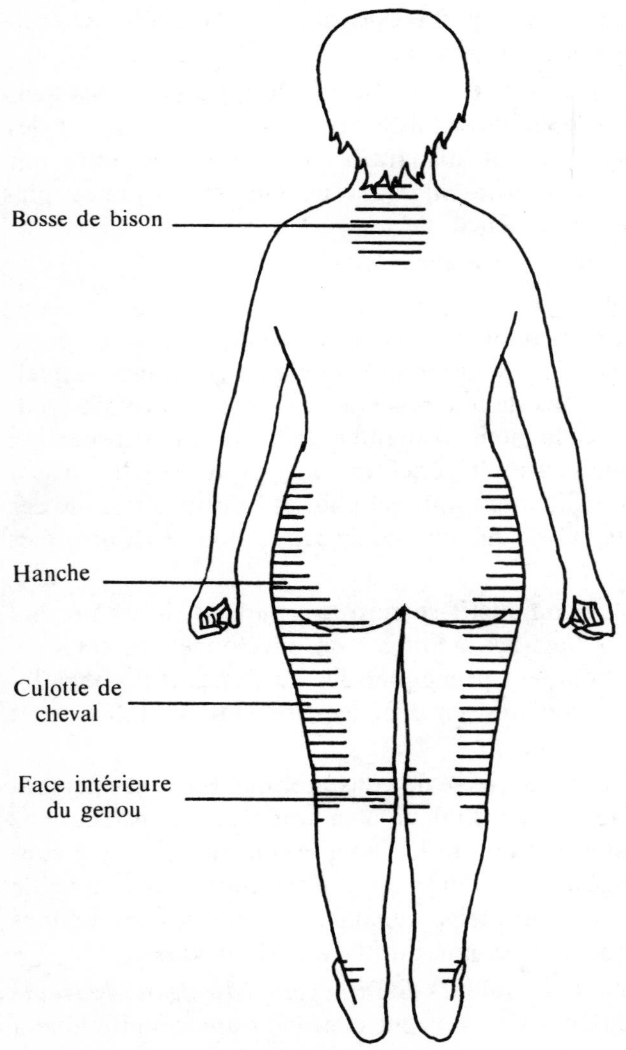
Bosse de bison
Hanche
Culotte de cheval
Face intérieure du genou

une congestion du tissu conjonctif autour du coeur avec une crise d'angine ou un petit infarctus.

Il n'est pas facile de faire un tel diagnostic. Il faut procéder par élimination des autres causes.

De même, s'il y a de la cellulite autour de la trachée, du pharynx ou du larynx, on pourra avoir une toux même si le poumon n'est pas malade.

On a souvent vu disparaître des douleurs qualifiées de rhumatismales, à la nuque ou dans le haut de la colonne, qui n'étaient en fait dues qu'à une congestion cellulitique.

Il n'y a pas moyen de déterminer si ces douleurs à la colonne ou à la nuque, ces maux de tête ou les menstruations douloureuses sont dues à une infiltration cellulitique. Mais, comme elles disparaissent très souvent au cours du traitement de la cellulite, on peut se permettre de conclure qu'il y a un lien de cause à effet et, par conséquent, présence de cellulite en profondeur.

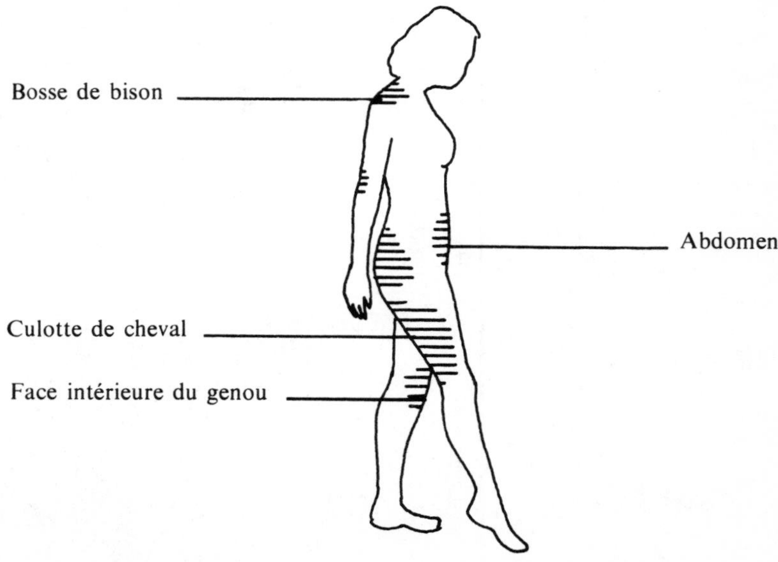

Chapitre V

Les causes de la cellulite

Un peu d'histoire

Si on s'en réfère à la littérature assez abondante mais malheureusement pas toujours très sérieuse traitant de la cellulite, on peut voir que tous ne s'entendent pas sur la ou les causes de la cellulite.

La cause hormonale

Pour beaucoup de gens, surtout en Europe, la cause principale de la cellulite serait d'origine hormonale.

Pour eux, la cellulite serait due à une hyperfolliculinémie soit relative, soit directe.

Pour bien comprendre ce processus, faisons un bref rappel de physiologie.

L'ovaire, chacun le sait, est la glande de la féminité par excellence. Il produit les ovules qui, fécondés par le spermatozoïde, assureront la fécondation et, de ce fait, la grossesse.

L'ovaire fabrique deux hormones essentielles. Ce sont la folliculine et la progestérone. Ces deux hormones préparent à la possibilité de grossesse mais, si l'ovule n'est pas fécondé, provoquent, comme évolution physiologique normale, les menstruations.

La folliculine produite dès la première partie du cycle menstruel est, si on peut dire, l'hormone de la féminité. C'est grâce à elle qu'apparaissent les caractères sexuels secondaires qui font que, morphologiquement, la femme se différencie de l'homme. Ces signes sont:

le développement des seins,
une voix plus douce,
une absence de poils dans le visage,
peu ou pas de calvitie
et, enfin et surtout un bassin, des hanches et des cuisses plus arrondis, plus galbés, etc.

À cause de cela, la folliculine présente certains inconvénients

dont cette tendance à faire retenir l'eau et à rendre plus facile une certaine accumulation de graisse.

C'est cette caractéristique qui favorise une plus grande rondeur du bassin, des hanches et des cuisses.

La progestérone, elle, apparaît plus spécifiquement dans la deuxième partie du cycle menstruel, c'est-à-dire vers le quatorzième jour jusqu'à la fin du cycle. Elle a pour rôle de préparer l'utérus à recevoir l'ovule qui pourrait être fécondé par le spermatozoïde.

La progestérone joue encore comme rôle de "neutraliser" un peu certains effets de la folliculine, comme la rétention d'eau par exemple.

C'est pourquoi la plupart des auteurs qui invoquent la cause hormonale comme cause principale de la cellulite s'en réfèrent à une hyperfolliculinémie

soit *directe,*

soit *relative.*

L'hyperfolliculinémie ou excès de folliculine est *directe* lorsque l'ovaire produit trop de folliculine par rapport à la quantité de progestérone.

L'hyperfolliculinémie devient *relative* lorsque la dose de folliculine fournie par l'ovaire est normale mais que la progestérone est produite en *quantité insuffisante.*

Dans un cas comme dans l'autre, le rapport de déséquilibre est le même. Il y a trop de folliculine par rapport à la progestérone. Cette dernière hormone n'empêche plus la folliculine de provoquer cette rétention d'eau et d'accentuer les caractères sexuels secondaires comme la rondeur des cuisses, des fesses et des hanches.

Les tenants de la cause hormonale invoquent celle-ci en rapport avec certaines dates, certains moments d'apparition de la cellulite. En effet, ceux-ci prétendent que la cellulite apparaît plus spécialement

au moment de la puberté,

au moment d'une grossesse,

au moment de la prise de pilules anovulantes ou contraceptives ou encore

au moment de la ménopause.

Dans ces cas, la cellulite se manifesterait un peu comme une exagération des caractères sexuels secondaires chez la femme.

Il s'agirait donc d'une sorte d'exagération de la féminité.

Nous ne songerions pas à nier l'influence hormonale dans l'apparition de certains cas de cellulite.

Mais on ne peut pas invoquer cette cause chez toutes les personnes souffrant de cellulite. Dans beaucoup de cas de cellulite, on ne trouve pas de troubles hormonaux aussi caractéristiques que je viens de les décrire.

Le métabolisme

Pour d'autres, assez nombreux aussi, la principale cause de la cellulite serait une perturbation du métabolisme favorisant une plus grande rétention d'eau par accumulation de déchets et de toxines dans les tissus.

Le foie aussi est souvent mis à contribution comme cause de la cellulite.

On sait que le foie est entre autres un organe de nettoyage de l'organisme. Un foie déficient laisserait donc une dose de déchets et de toxines trop grande dans l'organisme, d'où là aussi un métabolisme déficient.

Cette cause ne saurait toutefois rendre compte de tous les cas de cellulite.

À mon avis, pour bien comprendre le problème de la cellulite, *il faut trouver une cause qui puisse vraiment fournir une explication plausible et complète du processus d'installation de la cellulite pour ensuite envisager un traitement possible et efficace.*

Chapitre VI

Cause profonde: le stress

Après plusieurs années (15 ans en 1980) de traitement de cas de cellulite, je crois qu'on peut trouver une cause, une explication qui tienne compte de tous les aspects de l'apparition et du développement de la cellulite.

Cette cause principale de la cellulite

c'est le stress

Qu'est-ce que le stress?

"Je suis stressé.", "C'est la faute du stress.", "Dans un monde de stress." On pourrait continuer indéfiniment d'énumérer les expressions couramment employées par les gens qui souffrent de "stress".

Qu'est-ce que le stress?

Est-ce bon?

Est-ce mauvais?

Quand un mot est employé par tout le monde sans qu'on en connaisse le sens précis, il est bon d'en référer au dictionnaire.

Celui-ci donne comme définition: TENSION

Ce mot est utilisé pour exprimer l'état réactionnel d'un organisme soumis à un excitant quelconque.

Si on s'en réfère au docteur Selye, on peut expliquer le stress comme suit:

- Un choc est produit;
- l'organisme est saisi ou "stressé" par le choc et
- le "stress", cette tension, ce saisissement, provoque dans l'organisme une réaction de défense pour assurer ou, tout au moins, tenter d'assurer la survie et l'intégrité de l'organisme.

Le stress peut se retrouver sur plusieurs plans. Nous sommes habitués à envisager le stress face aux problèmes psychiques, mais c'est vraiment trop limiter le rôle du stress dans l'organisme.

Le stress peut être physique, physiologique ou psychique.

Le stress physique

On entend par stress physique toutes les circonstances de la vie qui peuvent intervenir sur le plan physique. Par exemple, si à la suite d'un accident ou d'une fracture vous êtes immobilisé pendant longtemps, il y a un manque d'exercice au niveau des cuisses, des jambes et des hanches et il peut y avoir, à ce moment-là, développement de la cellulite.

La fatigue est aussi considérée comme un stress physique.

En somme, le stress physique c'est tout stress qui demande à l'organisme un effort physique épuisant, trop grand pour ses capacités de résistance physique ou sa condition physique.

Le stress physiologique

On inclut dans le stress physiologique toute modification dans le fonctionnement harmonieux de l'organisme.

Les médicaments

L'utilisation de pilules anovulantes ou anticonceptionnelles, donc d'hormones, peut causer une certaine modification dans le fonctionnement physiologique glandulaire de l'organisme. Cela favorisera une plus grande rétention d'eau et rendra ainsi plus fréquente l'apparition de la cellulite.

De même, l'utilisation de cortisone ou de pilules anti-inflammatoires, soit pour l'arthrite, le rhumatisme ou contre certaines douleurs, peut favoriser aussi l'apparition de la cellulite en favorisant la rétention d'eau.

Conditions physiologiques normales

Dans le stress physiologique, il faut comprendre aussi les grossesses. Il s'agit là d'une période physiologiquement normale mais qui peut favoriser l'apparition de la cellulite à cause des modifications hormonales qui l'accompagnent.

Conditions physiologiques pathologiques

On peut invoquer aussi dans le stress physiologique les longues convalescences à la suite d'opérations ou de maladies que l'organisme n'arrive pas à surmonter telles la mononucléose infectieuse, la tuberculose, etc.

Toutes ces conditions demandent à l'organisme un travail de récupération.

- pour régénérer certaines régions qui ont été abîmées;
- pour éliminer certains médicaments supplémentaires;
- pour essayer de rétablir un fonctionnement physiologique normal.

Elles causent donc un stress qui peut favoriser aussi l'apparition de la cellulite.

Le stress psychique

Les tracas, le surmenage, les inquiétudes peuvent influencer fortement l'organisme, en perturber le fonctionnement normal et favoriser ainsi l'apparition de la cellulite.

Un choc émotionnel très grave, comme la mort subite d'un être cher, peut faire apparaître la cellulite chez des personnes qui n'en avaient jamais eu auparavant ou qui avaient été traitées et guéries.

De toutes façons, le stress, qu'il soit physique, physiologique ou psychique, influence toujours le fonctionnement métabolique de l'organisme.

Chapitre VII

Qu'est-ce que le métabolisme?

Définition

D'après le dictionnaire de la médecine, *le métabolisme se définit comme "l'ensemble des transformations chimiques et biologiques qui s'accomplissent dans l'organisme pour permettre le déroulement des processus vitaux".*

Comme vous le voyez, même si le mot métabolisme peut sembler incompréhensible à première vue, il désigne quelque chose que tout le monde peut facilement comprendre.

On sait qu'on doit prendre de la nourriture pour vivre.

Il est aussi évident que celle-ci doit être transformée chimiquement dans le tube digestif par les différents enzymes de la digestion pour pouvoir être utilisée.

Cette nourriture transformée dans ses éléments essentiels peut alors être absorbée par la muqueuse intestinale.

Elle passe dans le sang.

Grâce à la circulation, ces éléments nutritifs font le tour de l'organisme pour aller nourrir toutes les cellules ou, s'ils ne sont pas utilisés immédiatement, ils sont emmagasinés dans les centres de réserve comme le foie, le tissu graisseux ou ailleurs dans le tissu conjonctif pour être réutilisés au moment où on peut en avoir besoin.

Évidemment, en cours de route, ces éléments nutritifs ont subi de multiples transformations.

Ensuite, lorsque ces éléments nutritifs ont été utilisés, brûlés, consumés, détruits, transformés, les déchets sont acheminés vers la sortie et éliminés par les organes d'excrétion comme le rein, l'intestin, etc.

Toutes ces transformations de la nourriture dans le tube digestif sont faites par l'entremise d'enzymes. Il en est ainsi de toutes les transformations qui se produisent à l'intérieur de l'organisme quand les aliments sont entrés dans la circulation sanguine pour atteindre les organes profonds. Là encore, les transformations des substances nutritives se font à l'aide d'enzymes.

Ce sont donc là des processus chimiques et biologiques qui permettent à notre organisme l'utilisation des substances nécessaires à la vie.

Le corps humain est un véritable laboratoire.

* * *

Le métabolisme, vous pouvez le constater, se divise en deux grands processus:

celui de l'absorption et de l'utilisation et

celui de l'élimination, du nettoyage.

Anabolisme et catabolisme

La première partie s'appelle l'anabolisme.

Pendant cette phase, l'organisme transforme les produits de la digestion. Les aliments sont digérés et absorbés par les différents tissus pour assurer leur nutrition.

La deuxième phase, c'est le catabolisme.

Les substances nutritives sont utilisées directement pour assurer le processus vital. En gros, ces substances sont consumées comme le bois dans un foyer ou l'huile dans une fournaise pour produire de la chaleur. Les substances absorbées sont utilisées dans l'organisme pour entretenir la vie. Cela provoque des déchets. C'est la phase d'élimination ou catabolique.

Comme vous pouvez l'imaginer facilement, le métabolisme par sa phase anabolique et catabolique suppose des quantités innombrables de réactions chimiques, biologiques et physiologiques pour assurer cette transformation, cette utilisation et cette élimination, en somme pour assurer la vie.

Pour peu qu'il y ait dérèglement dans l'un ou l'autre de ces processus, on imagine facilement les perturbations qui peuvent se produire.

Le stress, par son action sur l'hypophyse qui règle le fonctionnement physiologique, peut aussi favoriser l'apparition de la cellulite.

Son action peut se manifester
au moment de l'absorption,
de l'élimination,
de la récupération.

L'absorption

La première phase de l'absorption, c'est l'alimentation. La cellulite pourrait donc être due à une mauvaise alimentation.

Il est bien évident que si l'alimentation d'une personne est tout à fait inadéquate à ses besoins, son état de santé pourra s'en ressentir et son fonctionnement métabolique, c'est-à-dire chimique, biologique et physiologique sera différent de ce qu'il aurait dû être dans un cas normal. Si l'organisme ne reçoit pas tout ce dont il a besoin et seulement cela, il y a une possibilité de vice dans son fonctionnement normal. Il ne faut pas oublier que trop manger peut être souvent plus nuisible que pas assez à cause de la plus grande quantité de déchets à éliminer.

En quoi l'alimentation peut-elle être la cause de l'apparition de la cellulite?

Si on s'en réfère à la définition de la cellulite qui est une infiltration d'eau dans l'épaisseur du tissu conjonctif, c'est-à-dire ce tissu de rembourrage sous la peau et autour de tous les organes, on se rend bien compte *qu'une alimentation favorisant la rétention d'eau par exemple augmentera nécessairement le risque d'apparition de la cellulite.*

Quels sont les aliments qui peuvent favoriser le plus la rétention d'eau?

Un excès de sel

Il faut du sel ou chlorure de sodium dans l'organisme pour être en bonne santé.

Le *sodium* de même que le *potassium* assurent un équilibre dans les quantités de liquide qu'il doit y avoir dans la cellule et autour de la cellule, c'est-à-dire dans le tissu conjonctif et dans le système circulatoire. Cet équilibre favorise une bonne santé.

S'il manque de liquide, les cellules se dessécheront, les échanges nutritifs se feront mal et la cellule pourra dépérir ou mourir, d'où une santé plus ou moins bonne.

S'il y a trop de liquide, les échanges cellulaires seront perturbés,

- d'où accumulation de toxines et de déchets dans l'organisme;
- d'où déséquilibre au niveau des liquides et des substances transportées par les liquides;
- d'où déséquilibre entre le matériel qu'il y a à l'intérieur de la cellule et à l'extérieur de la cellule, c'est-à-dire dans le tissu conjonctif et dans le système circulatoire.

Nos besoins en sodium, d'après Harrison, sont de 0,5 à 0,8 gramme par jour. Quand, selon nos habitudes, on consomme régulièrement des aliments trop salés, il peut arriver qu'on prenne de 15 à 20 grammes de sodium par jour.

C'est manifestement beaucoup trop.

Cela peut causer une plus grande rétention d'eau avec des risques plus grands de troubles rénaux, d'hypertension, de troubles cardio-vasculaires et, évidemment, cela favorise l'apparition de la cellulite.

J'ai bien dit cela "favorise" parce qu'une alimentation trop salée ne cause pas directement la cellulite. Ce n'est pas une cause directe de la cellulite mais un facteur favorisant son apparition.

Nous verrons tout à l'heure pourquoi.

La quantité d'eau absorbée

Le deuxième item à considérer, c'est le manque d'eau.

Trop de gens ne boivent pas assez d'eau ou même n'en boivent pas du tout durant la journée.

Tout le monde sait que lorsqu'on lave le linge, on doit le rincer grandement pour éliminer toute trace de savon.

C'est la même chose pour l'organisme. S'il y a des déchets qui se sont produits, il faut que ces déchets-là soient entraînés vers les voies d'excrétion et d'élimination et pour ce faire, la présence de liquide est indispensable.

Notre organisme a tendance à garder toujours son équilibre physiologique pour assurer sa bonne santé. Donc, si la quantité de liquide dans les voies de circulation et d'élimination est insuffisante, l'organisme aura tendance à conserver son liquide et l'élimination se fera moins bien. Par contre, si l'on boit beaucoup d'eau, l'élimination pourra se faire très bien parce qu'il y aura toujours de l'eau "propre" pour remplacer l'eau "sale" qui sera éliminée, entraînant les déchets et les toxines de l'organisme.

Il faut donc éviter la rétention d'eau et prendre suffisamment d'eau pour assurer le "rinçage" de l'organisme.

La quantité d'oxygène absorbé

On a parlé d'absorption de la nourriture, mais le métabolisme ne comprend pas seulement l'absorption de la nourriture.

Il y a aussi l'*oxygène.*

L'oxygène absorbé par les poumons et passé directement dans le sang, sans plus de transformation, *est absolument indispensable à notre survie.*

On sait qu'une personne qui manquerait d'oxygène pendant quelques minutes pourrait subir des lésions cérébrales assez graves qui, même si elles ne causent pas la mort immédiate, la rendraient handicapée pour le restant de ses jours.

C'est donc dire que l'oxygène que l'on absorbe est rapidement utilisé. On ne peut pas vraiment en faire de réserves. Il en faut beaucoup pour le fonctionnement du métabolisme, pour le fonctionnement chimique, biologique et physiologique de notre organisme.

Or, on n'absorbe pas suffisamment d'oxygène. Cette remarque concerne surtout les personnes sédentaires qui

évitent tout effort physique,

ne marchent jamais et

sont toujours assises.

Ces personnes manquent d'oxygène. Elles n'en absorbent pas suffisamment pour que toutes les "combustions" assurant une bonne utilisation des substances nutritives puissent se dérouler normalement.

Pour qu'une pièce de bois s'enflamme dans un foyer, pour qu'un brûleur à l'huile fonctionne, pour qu'une chandelle reste allumée, il faut de l'oxygène. C'est un élément *absolument* indispensable à toute combustion. Le même phénomène se produit dans l'organisme. Il faut suffisamment d'oxygène sinon tout s'éteint.

L'oxygène étant le support indispensable à toute combustion, il faut donc, si l'on veut fonctionner adéquatement, en absorber une dose suffisante. S'il n'y en a pas suffisamment pour remplacer l'oxygène brûlé, détruit par des efforts musculaires par exemple ou simplement par les efforts de la digestion, en un mot par les dépenses énergétiques quotidiennes pour vivre, ces déchets (l'oxygène brûlé ou CO_2) resteront dans l'organisme et contribueront à l'intoxiquer. Cette intoxication favorisera aussi l'apparition de la cellulite.

L'élimination

Le deuxième volet du métabolisme en général, c'est l'élimination, c'est-à-dire le nettoyage de notre organisme. Tous les déchets qui ont été produits par notre organisme pour nous permettre de vivre doivent être éliminés.

On peut faire un bon feu dans un foyer en y mettant du bois, mais il faut aussi en vider les cendres régulièrement sinon il n'y aura plus de place pour mettre le bois et faire le feu.

L'organisme fonctionne de la même façon. Pour vivre, il y a des transformations chimiques, biologiques et physiologiques qui se produisent dans notre corps. Elles se font sous l'influence de ferments ou d'enzymes et toujours en présence d'oxygène. Il y a donc une combustion et, par conséquent, production de déchets, même si ce ne sont pas des cendres comme dans le foyer.

Ces déchets doivent être éliminés.

C'est pour cela que certains auteurs parlant de la cellulite ont voulu incriminer le rôle insuffisant du foie ou des reins, c'est-à-dire nos deux principaux organes de nettoyage.

Le rein

Le taux d'urée règle le débit urinaire et l'élimination du surplus de sodium et de potassium pour arriver à assurer un aussi bon équilibre que possible.

Évidemment, si par une absorption inadéquate d'éléments nutritifs nous contribuons à déséquilibrer notre fonctionnement physiologique normal, notre rein devra travailler davantage. De même, si on ne donne pas assez d'eau à notre organisme pour assurer une bonne élimination, le rein aura de la difficulté à faire son travail normalement. Son rendement pourra être déficient.

Le foie

D'autres auteurs ont incriminé le foie puisque celui-ci sert d'une part d'organe de désintoxication de l'organisme et aussi, d'autre part, d'organe de stockage de substances énergétiques nutritionnelles comme le glucogène par exemple qui a un rôle important à jouer dans la contraction musculaire et dans le fonctionnement énergétique de tout l'organisme. Comme le foie régit d'une façon assez directe l'élimination des déchets par le tube digestif, on en a conclu qu'un foie ne fonctionnant pas bien n'assure pas une bonne élimination et favorise l'apparition de la cellulite par une accumulation plus grande de toxines dans les tissus.

La récupération

Dans l'organisme, on a parlé d'assimilation, c'est-à-dire de fabrication de santé, et d'élimination, c'est-à-dire d'évacuation des déchets produits par le travail de "construction" de notre santé.

Il faut aussi une phase de récupération.

Il faut toujours un temps mort après avoir éliminé et avant de recommencer à absorber pour laisser à l'organisme le temps d'utiliser toute la nourriture prise pour régénérer les tissus et tout remettre en bonne condition.

D'où la nécessité d'éviter l'excès de fatigue et le surmenage. Ceci pourrait augmenter la production de déchets dans l'organisme et aussi nuire à un bon nettoyage par les organes d'élimination.

Il faut donc un fonctionnement physiologique le plus normal possible pour éviter l'apparition de la cellulite.

Si le stress ne vient pas perturber son fonctionnement physiologique, le corps est si merveilleusement conçu qu'une mauvaise alimentation chez une personne en bonne santé pourra, pendant un temps assez long, ne présenter que peu d'inconvénients. Par exemple, l'excès de sel ou de sodium pourra passer inaperçu, les surplus étant éliminés par le rein très rapidement.

Il en est de même si on ne boit pas suffisamment d'eau. L'organisme en bonne santé arrive quand même à faire le ménage assez bien pendant un certain temps.

Quant au fonctionnement du foie et des reins, s'ils sont en bonne santé ils pourront aussi éliminer assez bien les déchets pendant un certain temps.

Comment expliquer alors que le fonctionnement métabolique puisse être perturbé à ce point et favoriser l'apparition de la cellulite?

Chapitre VIII

Les grands moteurs physiologiques

Le métabolisme, nous l'avons vu, représente l'ensemble du fonctionnement physiologique harmonieux de notre organisme.

Une question qu'il faut maintenant se poser. Quels sont les grands "moteurs" de ce fonctionnement?

Sans entrer trop profondément dans le détail, on peut en identifier deux. Ce sont:

le système glandulaire et

le système nerveux.

Résumons d'abord le fonctionnement glandulaire pour vous en faire comprendre toute l'importance.

Le système glandulaire

Il y a deux sortes de glandes:

les glandes exocrines,

les glandes endocrines.

Les glandes exocrines

On appelle glandes exocrines celles qui fabriquent une substance déversée dans ou hors de l'organisme par le truchement d'un canal.

Comme exemple de glandes exocrines, nommons les glandes sudoripares. Ce sont les glandes de la transpiration. Elles laissent sortir un liquide à travers la peau. Cette émission de liquide permet d'une part de rafraîchir la peau par évaporation et, d'autre part, d'éliminer une certaine quantité de déchets. Cette glande contribue donc à la fois au nettoyage et à l'équilibre de la température de l'organisme.

Il y a d'autres glandes exocrines:

Le foie produit la bile qui est déversée dans le tube digestif et contribue à la digestion de certaines substances grasses dans l'intestin.

Les glandes salivaires dans la bouche.

Le pancréas qui contribue à la digestion dans l'intestin.

Les glandes sébacées qui produisent la graisse en surface de la peau.

Les glandes de Bartholin, les reins, etc.

Les glandes exocrines, si elles jouent souvent un rôle dans l'élimination, ne sont pas celles qui nous préoccupent le plus à propos de la cellulite.

Les glandes endocrines

Les glandes endocrines sont celles qui nous intéressent ici.

Une glande endocrine est d'abord une glande qui *produit une hormone* déversée directement dans le sang et non en passant par un canal.

Les hormones sont transportées partout dans le corps humain par la voie de la circulation sanguine.

Le terme hormone désigne donc toute sécrétion venant d'une glande endocrine.

Sur le dessin, vous pouvez voir la position approximative de chacune des principales glandes endocrines. Énumérons brièvement leur rôle et leur fonction.

La thyroïde

La thyroïde est située dans le cou, juste derrière la portion supérieure du sternum, c'est-à-dire l'os sur le devant du thorax. Elle est composée de deux petites masses plus ou moins ovales reliées transversalement. Cela lui donne la forme d'un H dont les pattes verticales seraient bombées. Quand la thyroïde est plus grosse, on peut la palper en pesant délicatement dans le creux du cou.

Elle sécrète, évidemment, les hormones thyroïdiennes. Celles-ci contribuent à stimuler la croissance, le développement du système nerveux et jouent un rôle très important dans le développement intellectuel.

Un enfant souffrant d'insuffisance thyroïdienne verrait son âge mental rester très bas et n'atteindrait aucune maturité intellectuelle.

Une des fonctions principales de la thyroïde c'est:

de contribuer à régler le métabolisme en réglant les différentes combustions de l'organisme et en favorisant les oxydations, ce qui permet en somme de produire la chaleur qu'il faut pour maintenir le corps en vie et l'énergie nécessaire pour bien fonctionner.

L'insuffisance de la thyroïde entraîne une hypothyroïdie qui peut se manifester par les symptômes suivants: perte de poils, cheveux et autres, fatigue, gonflement, oedème, obésité flasque, perte d'appétit, perte d'appétit sexuel, etc.

L'excès de fonctionnement de la thyroïde provoque des palpitations. Les gens deviennent agités, nerveux. Ils maigrissent même s'ils mangent beaucoup. Leurs yeux sont proéminents. *Ces gens se "consument" littéralement.*

Les para-thyroïdes

On les appelle para-thyroïdes parce que ce sont de toutes petites glandes fixées autour des deux lobes de la glande thyroïde. Il en existe généralement quatre, deux externes, deux internes, mais il semblerait que leur nombre ne soit pas tout à fait fixe.

Le rôle des para-thyroïdes est particulièrement important au niveau de l'assimilation et de l'absorption du calcium et du phosphore.

Quand les para-thyroïdes travaillent trop, il y a tendance à une déminéralisation des os et à la formation de kystes ou de cavités et on voit la quantité de calcium augmenter dans le sang.

Lorsque les para-thyroïdes fonctionnent insuffisamment ou lorsqu'elles sont enlevées au cours d'une opération, le calcium a tendance à se déposer dans les diverses parties du corps et sa quantité diminue dans le sang.

Une diminution du taux de calcium dans le sang cause la tétanie, c'est-à-dire des contractions musculaires qui peuvent aller jusqu'à une certaine forme de paralysie, les muscles devenant très durs, très rigides et restant contractés presqu'en permanence. À cause de cela, lorsque les parathyroïdes sont enlevées, on doit toujours fournir des doses énormes, régulières et constantes de calcium dans l'alimentation et en supplément alimentaire.

Les glandes génitales

Les ovaires chez la femme et les testicules chez l'homme fournissent, on le sait, les ovules et les spermatozoïdes servant à la fécondation et à la procréation.

Les glandes surrénales

Les surrénales, moins connues, sont pourtant très importantes. Comme leur nom l'indique, elles sont fixées audessus du rein et produisent des hormones qui servent au maintien de l'intégrité de l'organisme et aux réactions principales contre le stress.

Les surrénales d'abord se composent de deux tissus distincts.

1) L'écorce qui est un tissu glandulaire et qui sécrète divers types d'hormones:

- *les endrogènes*, corticoïdes sexuelles qui sont semblables aux hormones mâles chez la femme comme chez l'homme.
- *la cortisone* qui possède une action anti-inflammatoire largement mise à profit pour traiter les allergies et toutes sortes de maladies inflammatoires, arthrite, etc.

La cortisone joue un rôle dans l'assimilation du sucre et du sel et augmente les réserves de graisse.

L'écorce sécrète aussi d'autres hormones dont l'aldostérone dont le rôle est important dans l'absorption du sel.

2) L'intérieur de la surrénale est un genre de tissu nerveux en prolongement plus ou moins direct du système nerveux sympathique. Ses sécrétions hormonales sont entre autres *l'adrénaline.*

Cette hormone met l'organisme en état de défense lorsqu'il y a une agression, un stress. L'adrénaline, on en a déjà parlé à d'autres moments, mobilise toutes les réserves de l'organisme:

> augmentation de l'énergie,
> élévation de la tension artérielle,
> augmentation du rythme cardiaque et
> transformation du sucre en réserve dans le foie pour venir dans le sang et agir comme carburant énergétique de l'organisme, en particulier dans les muscles.

Les déficiences de l'écorce entraînent les maladies bronzées d'Addison ou d'autres troubles de métabolisme des sucres entre autres. Les gens deviennent très fatigués, irritables. Il y a perte de poids. La peau prend une coloration bronzée.

Quand cette partie des surrénales sécrète trop, on a ce qu'on appelle la maladie de Cushing qui est une obésité particulière de la face et du tronc, accompagnée de troubles divers dont l'hypertension, le diabète, beaucoup de poils, masculinisation chez la femme, puberté précoce chez le garçon.

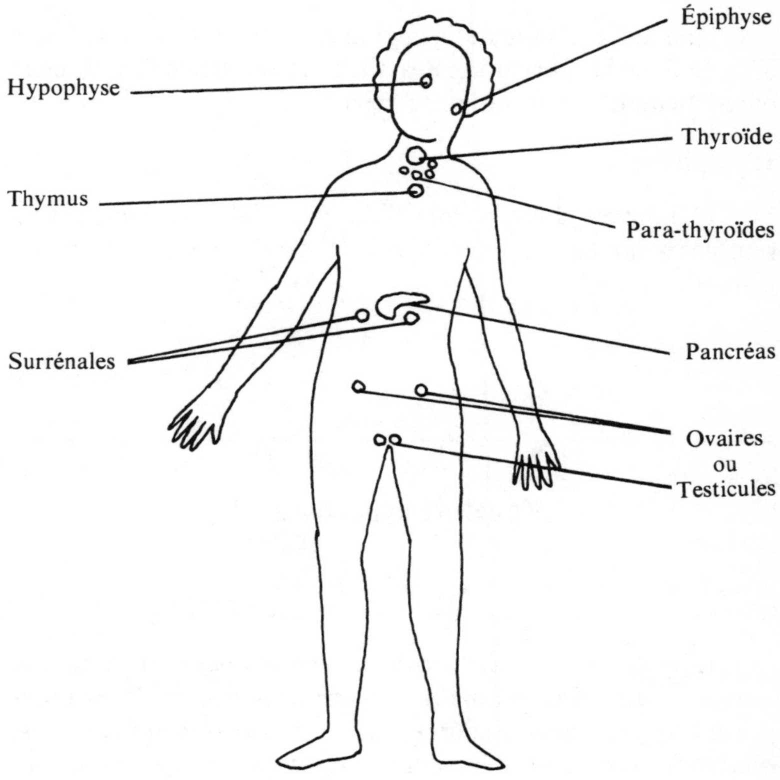

Le pancréas

Le pancréas est une glande qui joue un double rôle. Elle sécrète d'abord les sucres digestifs dans l'intestin: c'est sa fonction exocrine.

Mais le pancréas est aussi une glande endocrine qui produit l'insuline. Cette substance régit directement le taux de sucre dans le sang. Une déficience d'insuline cause le diabète.

Le thymus

Une autre glande moins connue, le thymus, semble jouer un rôle dans la fabrication des anticorps et, de ce fait, dans le phénomène d'immunité et de rejet.

L'épiphyse

L'épiphyse dont le rôle n'est pas vraiment bien connu semble avoir une influence sur le système glandulaire en général.

* * *

Et enfin l'hypophyse

L'hypophyse a été décrite comme le chef d'orchestre de toutes les glandes, comme *le cerveau endocrinien*. Pour prendre un langage plus moderne, c'est *l'ordinateur qui surveille, analyse le sang en permanence et donne ses ordres à tous les relais de l'organisme pour leur indiquer quand et comment fonctionner, quelle hormone produire et en quelle quantité, etc.*

Si l'hypophyse fonctionne normalement, tout va bien.

La personne est en santé.

Mais si le fonctionnement de cette glande est perturbé par un trouble organique ou physiologique d'une glande ou d'une autre partie du corps ou de l'hypophyse elle-même, le fonctionnement physiologique normal est détraqué.

Fonctionnement normal

Prenons un exemple. Dans un des lobes de l'hypophyse est produite une hormone dont le rôle est de commander à l'ovaire de sécréter à son tour une hormone préparant l'ovulation au milieu du cycle menstruel.

Lorsque l'ovaire a produit suffisamment de cette hormone, l'hypophyse est immédiatement renseignée en ce qui concerne le dosage de cette hormone dans le sang. Aussitôt, elle produit une autre hormone pour avertir l'ovaire de cesser sa production.

Quand le mois est assez avancé, c'est-à-dire lorsque vous arrivez vers le milieu de votre cycle, une autre hormone de l'hypophyse commande à l'ovaire de produire l'hormone de la deuxième partie du cycle menstruel, ce qui prépare l'utérus à recevoir l'oeuf fécondé ou provoquera les menstruations.

Si cette hormone est en assez grande quantité dans le sang, l'hypophyse en est avertie et ordonne à l'ovaire de cesser à nouveau cette production.

De même, si vous faites de la rétention d'eau, l'hypophyse commandera aux reins d'éliminer un peu plus d'eau, etc. Si vous avez tendance à une certaine déshydratation, l'hypophyse commandera aux reins d'éliminer moins d'eau pour maintenir l'équilibre hydrique de votre organisme.

Vous voyez donc comment les glandes sont directement reliées à l'hypophyse. Toutefois, c'est toujours l'hypophyse qui dirige le travail et assure l'équilibre.

Fonctionnement anormal

Voici un autre exemple illustrant un mauvais fonctionnement physiologique.

Si une femme a subi une ablation des ovaires, elle se retrouve avec deux glandes en moins.

Aussitôt, l'organisme est privé d'oestrogène et de progestérone. Dans son analyse permanente du sang, l'hypophyse décèle cette absence et aussitôt produit son hormone pour stimuler l'ovaire.

Mais l'ovaire n'est plus là.

En conséquence, l'hypophyse *produira une dose supplémentaire de "stimuline"*.

Mais toujours sans succès.

C'est cet excès de "stimuline" ou mieux, de "gonadostimuline", qui donne ces bouffées de chaleur accompagnant la ménopause qu'elle soit naturelle, c'est-à-dire sans opération, ou artificielle, à la suite d'une opération.

Interrelation glandulaire

Nous venons de voir le rôle de l'hypophyse concernant le fonctionnement direct de chaque glande.

Mais le rôle de l'hypophyse ne s'arrête pas seulement à une telle action.

L'hypophyse, donc, régit le fonctionnement de toutes les glandes de l'organisme et, à cause du lien direct de chaque glande avec celle-ci, chacune des autres glandes influence dans une certaine mesure le fonctionnement de chacune d'entre elles.

On peut donc dire qu'il s'établit une sorte d'équilibre dans les deux sens entre toutes les glandes de l'organisme.

Cela se fait cependant toujours sous la direction de l'hypophyse exactement comme le chef d'orchestre qui dirige à la fois chacun des membres de son orchestre. Mais le rôle que chacun des membres de l'orchestre joue contribue à assurer le bon ou le mauvais résultat dans le fonctionnement de l'ensemble. Là encore, c'est la même chose au niveau du rôle de l'hypophyse.

L'hypophyse est donc certainement la glande la plus importante de l'organisme.

Dès qu'une perturbation se manifeste dans le système glandulaire, elle en est tout de suite informée et souvent elle peut en être perturbée, ne réussissant pas toujours à rétablir l'équilibre comme il se devrait dans le fonctionnement des autres glandes.

Tout comme le chef d'orchestre pourrait avoir de la difficulté à exécuter sa pièce musicale si un des musiciens faisait vraiment défaut à un certain moment.

Mais cela ne s'arrête pas là. Il faut aussi tenir compte du système nerveux.

Il a été prouvé qu'il y a une interrelation très étroite entre l'hypophyse et le système nerveux, plus précisément l'hypothalamus, par le biais de neurohormones.

Le système nerveux

L'hypothalamus

À la suite des travaux du docteur Selye et de l'influence du stress sur le fonctionnement de l'organisme, on s'est vite rendu compte que le physique pouvait influencer fortement le psychisme et vice-versa, c'est-à-dire que le psychisme influençait fortement le physique.

Des études ont permis de démontrer qu'à côté de la glande hypophyse située à peu près au centre du cerveau existait un autre tout petit organe qu'on appelle *hypothalamus.* Cet organe a aussi un rôle à jouer.

Ce rôle au niveau du système nerveux est aussi important que celui de l'hypophyse au niveau des glandes.

Ces deux mini-organes étroitement reliés entre eux, influencent à peu près tout notre corps tant au point de vue glandulaire qu'au point de vue psychique.

L'hypophyse a été décrite comme le cerveau endocrinien, le chef d'orchestre, l'ordinateur qui dirige le fonctionnement de toutes les glandes de notre organisme.

L'hypothalamus, tout à côté, joue un rôle similaire mais au niveau du système nerveux.

Or, on sait pertinemment tous les troubles qui découlent d'un mauvais fonctionnement au point de vue psychologique.

LE LIEN ENTRE LE PHYSIQUE ET LE PSYCHIQUE

C'est la médecine psychosomatique qui est venue faire le lien entre ces deux organes, c'est-à-dire entre l'hypophyse et l'hypothalamus. Les troubles de l'un influencent indubitablement le fonctionnement de l'autre, que ces troubles originent aussi bien du niveau physique ou physiologique que du niveau psychique ou psychologique.

Il a été prouvé que l'hypothalamus pouvait produire des neuro-hormones intervenant dans le fonctionnement de l'hypophyse et réciproquement.

Nous n'entrerons pas plus avant dans ces échanges entre l'hypophyse et l'hypothalamus. Sachons qu'ils existent. C'est ce qui compte.

Un trouble psychique peut avoir une répercussion sur le fonctionnement de l'hypophyse. Celle-ci donnera possiblement des ordres moins bien équilibrés aux différentes glandes. Cela causera une perturbation physiologique générale et modifiera le fonctionnement métabolique.

Si, au contraire, l'état de santé physique est déficient, la glande travaillant dans de mauvaises conditions pourra à son tour influencer l'hypothalamus et causer ainsi des problèmes au niveau psychique.

Les tracas, le stress, la fatigue peuvent causer chez certaines gens l'apparition d'ulcères d'estomac, c'est bien connu.

Je prends cet exemple parce qu'il est maintenant admis par tout le monde. C'est l'exemple classique de la médecine psychosomatique, c'est-à-dire de l'influence du psychisme sur un organe.

On peut avoir l'effet contraire. Souvent on a constaté que des personnes obèses, très dépressives, reprenaient toute leur bonne humeur, leur entrain et leur goût de vivre après avoir perdu les livres qu'elles avaient en trop. C'était l'influence du physique sur le psychisme.

Cela nous amène à comprendre pourquoi je définis comme cause profonde de la cellulite:

le stress sous toutes ses formes.

Chapitre IX

Le sens du traitement

Amélioration de la santé

Que le stress soit physique, physiologique ou psychique, le but premier du traitement contre la cellulite sera *d'améliorer la santé le plus possible par correction des diverses perturbations tant physiques, physiologiques que psychiques.*

- Sur le plan physique:

  par un programme d'exercices physiques.
- sur le plan physiologique:

  en éliminant les médicaments qui pourraient être en cause (anovulants, anti-inflammatoires, etc.) ou

  en palliant à leurs inconvénients par d'autres précautions;

  en rétablissant un fonctionnement physiologique le plus normal possible.

• sur le plan psychique:

par le repos: sommeil, relaxation et détente.

Donc, en évitant le surmenage, la fatigue et les tracas.

Enfin, pour prévenir un retour de la cellulite, il faudra travailler à renforcer l'organisme en général pour le rendre plus apte à résister au stress à quelque niveau que ce soit.

Tout en considérant le stress comme cause profonde de la cellulite, *faisons une courte parenthèse pour parler de l'hérédité.*

Hérédité et cellulite

On peut trouver des cas de cellulite qui nous apparaissent comme héréditaires.

Faisons une distinction.

Lorsqu'on parle de l'hérédité en regard de la cellulite, il ne s'agit pas d'une hérédité directe comme pour la couleur des cheveux ou des yeux, la couleur de la peau ou la taille.

Ce dont une personne peut hériter, lorsqu'il est question de cellulite, c'est plutôt d'une tendance, d'un fonctionnement physiologique en somme, d'un *métabolisme favorisant* ce phénomène que les femmes appellent la cellulite. Cela se produit entre autres par une insuffisance d'enzyme hyaluronidase dans les tissus.

On peut parler de cellulite héréditaire quand la mère fait de la cellulite et que, sans cause apparente, les enfants, surtout les filles, se "dessinent" morphologiquement comme leur mère dès leur jeune âge.

Dans ces cas, la cellulite est habituellement assez répandue sur toute la partie basse du corps, c'est-à-dire de la taille en descendant.

Une des caractéristiques principales de ces cas c'est que, lorsque ces gens s'achètent du linge, ils doivent choisir une pointure pour habiller le haut du corps et une autre, plus grande, pour le bas du corps pour être vêtus confortablement.

Dans ces cas, l'infiltration cellulitique se fait généralement à un âge beaucoup plus jeune.

Le tissu des cuisses, des fesses, des hanches, du genou et de la jambe est beaucoup plus globuleux.

Les nodules sont plus gros et plus mous.

Le tissu a un effet spongieux sous la palpation.

Il y a un manque d'élasticité. La jambe est déjà déformée. Le galbe habituel de la jambe féminine n'existe plus.

Dans les cas où une certaine hérédité joue un rôle, on en revient quand même à mettre en cause un fonctionnement métabolique imparfait généralement par manque d'enzyme hyaluronidase dans le tissu conjonctif.

En fin de compte, on peut assimiler ces cas aux autres quant au traitement.

Il s'agit d'améliorer la santé le plus possible pour rendre chaque individu le plus apte possible à résister au stress en général et de donner en supplément un peu d'enzyme hyaluronidase. Les gens ayant ce type de cellulite pourront avoir besoin de plus d'enzymes que les autres et pendant généralement plus longtemps.

Le stress

Après cette parenthèse sur la cellulite héréditaire où, comme nous l'avons vu, nous en revenons à un problème de fonctionnement physiologique plus ou moins normal, revenons au fameux stress, cause de toutes nos préoccupations.

Évidemment, on dit souvent que le stress est difficile voire même impossible à supporter.

On dit qu'il peut causer des crises cardiaques, le surmenage et l'épuisement.

L'explication est bien simple: dans le monde où nous vivons, à cause de nos conditions de travail ou de vie en général, il arrive souvent que les chocs soient *trop grands* ou *trop nombreux.*

* * *

S'ils sont trop grands ou trop nombreux, c'est que nos conditions de vie sont inadaptées à nos capacités de résistance.

Nous ne sommes pas préparés à subir de tels chocs tant par leur intensité que leur répétition,

ou encore nous ne sommes plus prêts à les subir à cause d'un mauvais état de santé

ou encore parce que *nous ne sommes pas entraînés* à réagir contre ces chocs par une réaction au stress poussant notre organisme à produire les substances hormonales ou autres pouvant nous aider à tenir le coup et à passer au travers de l'épreuve avec facilité.

* * *

On peut dire qu'en général,

si les gens sont en excellente condition physique,

s'ils ne se détruisent pas eux-mêmes par une mauvaise alimentation, par le manque de repos, de détente nécessaire à la récupération,

le stress non seulement pourra ne pas être nuisible mais encore pourra être utile à la santé.

Toutefois, pour que le "stress" favorise la santé, pour qu'il nous permette de nous défendre efficacement, il faut assez de force pour se défendre. Cela suppose une bonne santé.

Une bonne santé ne s'obtient que

> par un régime de vie adéquat, c'est-à-dire:
> une bonne alimentation,
> de l'exercice physique
> et du repos.

Chapitre X

Un traitement est-il possible?

Qui soigne la cellulite?

C'est d'abord la *patiente* aidée par la *nature* et le *médecin*.

a) Le *médecin* pendant un temps très court, en expliquant d'abord le traitement et ensuite en donnant quelques injections d'enzymes dont le rôle sera d'assurer une décongestion des tissus et leur nettoyage.

b) La *nature* ou, autrement dit, le fonctionnement physiologique de la patiente qui, grâce à un bon régime de vie (alimentation, exercice physique, repos), contribuera à réparer les tissus qui ont pu être abîmés par la présence de la cellulite.

c) La *patiente.* Celle-ci jouera en l'occurence un rôle très important par le sérieux et la persévérance avec lesquels elle apprendra à mieux manger, c'est-à-dire à manger ce qui lui convient, et à observer un programme de vie mieux équilibré tant au point de vue des exercices physiques que du repos, sommeil, relaxation et détente.

La cellulite se guérit-elle?

À la question: "La cellulite se guérit-elle?", la réponse, c'est NON.

C'est un peu comme le diabète, *elle ne se guérit pas mais se soigne.*

Cela signifie qu'une personne qui commence à souffrir de cellulite doit faire attention toute sa vie pour que cela ne recommence pas. De même que le diabète se soigne principalement par une alimentation bien équilibrée de même, dans le traitement de la cellulite, il faut que la personne ait une alimentation et un régime de vie bien adaptés pour protéger sa santé le mieux possible.

C'est donc *un travail de tous les jours pour toujours.* On y fait attention aujourd'hui et on recommence demain.

* * *

Est-il possible d'obtenir, sinon une guérison, du moins une bonne amélioration des cas de cellulite?

Tout dépend de la quantité de cellulite présente et à quelle phase la maladie est rendue.

Il est évident qu'il peut y avoir différents degrés dans la gravité de la maladie.

Ce n'est pas parce qu'une cellulite est plus ancienne qu'elle sera plus difficile à traiter. On a dit que chez certaines gens la cellulite apparaissait rapidement, tandis que chez d'autres elle apparaissait lentement. Il faut plutôt considérer à quelle phase de la cellulite la patiente est rendue pour déterminer les possibilités d'améliorations.

Les principaux points de repère

1 — Le volume

Depuis plusieurs années, je traite des patientes contre la cellulite. Évidemment, je fais prendre des mesures à chaque semaine pour voir la diminution de volume au niveau des cuisses, des fesses, des hanches, du ventre, etc. C'est le premier point de repère. Ce n'est pas le seul. Il y a d'autres points à considérer pour une appréciation valable de l'amélioration.

2 — La "peau d'orange"

Il y a d'abord cette fameuse "peau d'orange". C'est l'indice d'un tissu conjonctif très congestionné. *La "peau d'orange" n'est pas la cellulite.* C'est seulement *un témoin* indiquant que le tissu sous la peau est fibrosé, capitonné et rempli de liquide.

3 — Les nodules

Il faut apprendre à palper les nodules qu'on trouve dans le tissu conjonctif sous la peau.

Dans un cas où il n'y a pas de cellulite, on ne palpe pas de nodules. Par contre, dans les cas de cellulite, leur grosseur peut varier de celle d'un grain de riz à celle d'un petit pois ou d'une fève.

4 — L'épaisseur du tissu conjonctif

Évidemment, l'épaisseur varie selon le degré de congestion du tissu.

* * *

Pour arriver à apprécier les résultats au cours du traitement, il fallait établir des règles de comparaison. Je vous les décris.

Les différentes catégories

D'abord, nous avons divisé les cas de cellulite en trois catégories.

On se sert généralement de la cuisse comme base de comparaison pour évaluer la cellulite. La raison:

- c'est là qu'il y a toujours le plus de cellulite;
- c'est là qu'on la met en évidence le plus facilement;
- c'est généralement là aussi qu'on la détecte en premier.

Première catégorie

La première catégorie, c'est celle où il n'y a aucune déformation des tissus.

C'est donc qu'il s'agit d'une cellulite *diffuse*, minime, généralement à son début.

Dans ces cas-là, il n'y a pas de "spots" de cellulite comme la culotte de cheval, la bosse de bison ou d'autres "endroits" où la cellulite est plus développée et cause une certaine déformation du tissu.

Dans cette première catégorie, les fibres élastiques sont bien conservées dans la peau, mais on note, à la palpation, un peu de “peau d’orange” qui peut varier de 2 à 12 centimètres (1 à 5 pouces) généralement, rarement davantage.

Quand on palpe la “peau d’orange”, il ne s’agit pas de prendre une grosse pincée entre le pouce et l’index. Il faut se placer pour avoir un éclairage en profil sur la cuisse et pousser la peau du bout des doigts en allant vers le bas.

Ce geste, grâce aux ombres dues à la lumière, fait apparaître une longueur de “peau d’orange” très variable.

Plus il y a de cellulite, plus on voit de “peau d’orange” sur une grande longueur donc plus il y a de congestion.

Par exemple, si en pressant comme je l’ai dit on a 2 à 3 centimètres (1 pouce) de “peau d’orange”, cela veut dire qu’il n’y a pas beaucoup de cellulite. Si, par contre, on voit apparaître cette fameuse “peau d’orange” sur 10 à 12 centimètres (5 pouces), on dit qu’il y en a beaucoup.

C’est pourquoi on établit des grades dans chaque catégorie: alors, grade 1 pour 2 à 3 centimètres (1 pouce), grade 2 pour 4 à 5 centimètres (2 pouces), grade 5 pour 10 à 12 centimètres (5 pouces), etc.

Généralement, dans la première catégorie, s’il n’y a pas bien long de “peau d’orange” (2 ou 3 centimètres par exemple), les nodules s’ils sont présents sont à peine de la grosseur d’un grain de riz. Ils peuvent devenir un peu plus gros si on arrive dans les 5, 8 ou 10 centimètres de “peau d’orange” à la pression.

Plus il y a long de “peau d’orange”, plus la cellulite risque d’être douloureuse, soit à la pression, soit quand la patiente se frappe sur quelque chose.

Deuxième catégorie

La deuxième catégorie est celle où il y a une légère déformation, par exemple au niveau de la cuisse.

Donc, dans cette catégorie,

- il y a une légère déformation et en plus on trouve que
- les fibres élastiques sont touchées. On sent que le tissu a conservé une bonne partie de son élasticité mais
- il y a des régions où cette élasticité a diminué.

Il y a des ondulations, soit sur la face externe ou la face interne de la cuisse.

Donc, il y a une certaine déformation. Mais comme les fibres élastiques sont au moins en partie conservées, on peut escompter encore un bon résultat dans un laps de temps assez court.

Quant aux grades, on peut avoir grades 1, 2, 3, 4, 5 exactement comme dans la première catégorie, selon que l'on découvre plus ou moins long de "peau d'orange" à la pression des doigts sur la peau.

Dans cette catégorie, il peut y avoir des cas où il y a une certaine déformation mais où la cellulite *n'est pas très dure, ni très dense* et, comme l'apparition de la "peau d'orange" est due à la congestion des tissus, celle-ci sera plus ou moins apparente.

Si les tissus sont *légèrement décongestionnés,* la "peau d'orange" apparaîtra sur une moins longue distance mais le tissu pourra être déformé parce qu'à un moment donné *il y aura eu une congestion plus grande. Le tissu aura été étiré pendant trop longtemps.* Certaines des fibres élastiques auront perdu leur capacité de s'étirer et la présence de cellulite aura causé une certaine déformation.

Quand on voit des ondulations ou des bosses, il ne faut pas dire que c'est de la cellulite.

C'est le *résultat de l'infiltration d'eau* en profondeur qui a amené un étirement des tissus et une déformation due à cette congestion antérieure.

Dans ces cas-là, à la palpation, nous aurons encore de 2 à 12 centimètres (1 à 5 pouces) de "peau d'orange". Il est rare d'avoir plus de 12 centimètres.

Les nodules seront généralement plus gros et moins durs.

Troisième catégorie

La troisième catégorie, c'est celle où il y a une déformation marquée sur toute la longueur de la cuisse aussi bien à l'intérieur qu'à l'extérieur.

Cette déformation-là n'est pas constituée seulement d'ondulations ou d'une bosse dite: "culotte de cheval".

C'est exactement comme s'il y avait de la peau en trop, comme si la peau de la cuisse était trop longue, trop étirée pour la longueur de la cuisse elle-même.

C'est un peu comme un bas ravalé qu'il faudrait remonter. D'ailleurs, dans cette catégorie, le point final du traitement sera de prendre la peau de la cuisse, de la remonter chirurgicalement et d'enlever la peau en trop.

Quand la cuisse est bien déformée, il est assez rare que l'on puisse mettre en évidence la "peau d'orange". Le tissu tout en étant rempli d'eau est trop étiré. On ne peut pas faire apparaître la "peau d'orange" sous la pression des doigts. On sent quand même les nodules gros et plus ou moins flasques.

Au moyen de ces catégories et de ces grades, on peut arriver d'une part à évaluer

- la durée possible d'un traitement et surtout

- évaluer le résultat possible. Cela nous permet de dire à l'avance à la patiente ce qu'elle pourra obtenir d'abord
- dans un premier temps, c'est-à-dire celui du traitement avec les injections et le traitement médical et
- dans un deuxième temps à longue échéance, c'est-à-dire au cours du traitement qu'elle suivra par elle-même comme je l'expliquerai plus tard.

En général, les traitements pour la cellulite sont plutôt courts chez les médecins mais longs pour la patiente elle-même. *C'est un traitement qu'elle fait en général elle-même chez elle, tous les jours toujours.*

Voyons d'abord ce que sera le traitement.

Au début, il sera sensiblement le même pour les patientes de l'une ou l'autre catégorie puisqu'il faut d'abord améliorer la santé.

Le traitement médical, lui, pourra varier en durée selon le stade d'évolution de la cellulite. La description de ce traitement nous permettra de mieux comprendre ce qu'il convient de faire pour obtenir les meilleurs résultats possibles.

Chapitre XI

Le traitement de la cellulite

Règles générales du traitement

Dans un sens général, il y a deux philosophies du traitement de la cellulite.

Il y a tous ces traitements qui dépendent d'appareils. Ce sont des traitements extérieurs à l'organisme,

et l'autre traitement où il est plutôt question *d'améliorer la santé.*

Quand une femme commence à souffrir de cellulite, même si on lui fait subir toutes sortes d'analyses possibles, on trouve généralement qu'elle est en bonne santé, surtout si elle est jeune. Mais il faut bien se dire que si elle a commencé à faire de la cellulite,

1) il y a eu une augmentation de la rétention d'eau dans le tissu conjonctif sous la peau

2) il y a eu une transformation de cette eau-là en substances colloïdales ou gelée.

On est en droit de présumer que son métabolisme, sa physiologie ne fonctionnent plus aussi parfaitement. Son organisme, sa physiologie ne fonctionnent plus à 100%.

Cette personne n'est pas encore malade, mais il y a quelque chose qui cloche au niveau de son rendement physiologique, métabolique.

Il me semblerait absurde, si l'on prend pour acquis qu'il y a un léger dérèglement au niveau physiologique, d'instituer un traitement pour traiter la cellulite *en partant de l'extérieur.*

À mon avis, je le répète, *ce qu'il faut c'est essayer d'améliorer le plus possible la santé de ces personnes.*

Si on améliore la santé des gens, on améliorera leur fonctionnement physiologique et nécessairement on pourra faire diminuer la cellulite. De plus cette personne pourra, en prenant vraiment soin de sa santé, éviter que la cellulite ne revienne.

Pour étayer mon hypothèse, il suffit de penser aux athlètes. Aucune femme pratiquant l'athlétisme, la natation ou d'autres sports ne souffre de cellulite. On peut, je crois, considérer que ces athlètes sont en *excellente santé. D'ailleurs, elles ne sont pas seulement en santé, elles sont PLUS qu'en santé.*

Il me semble évident que le traitement de la cellulite doit découler de cette philosophie prônant une meilleure santé.

* * *

C’est tout un régime de vie qu’il faut adopter

Sur quoi se base la santé des gens? Sur trois plans.

Il faut une alimentation saine,

de l’exercice physique

et du repos. Le repos, ça suppose détente, relaxation et sommeil.

Voilà le traitement de base.

Il devra durer toujours.

Un bon régime de vie, c’est à partir d’aujourd’hui jusqu’à la fin de vos jours que vous devez le conserver.

D’autre part, il y a aussi certains traitements particuliers souvent indispensables, presque toujours utiles et quelquefois, dans des cas très bénins de cellulite, non nécessaires.

C’est le traitement médical.

Celui-ci comprend surtout l’utilisation d’enzymes, ou hyaluronidase, comme solvant de cette eau qui s’est infiltrée dans le tissu conjonctif sous la peau et qui s’est transformée en une gelée difficile à déloger. Quelquefois, le traitement comprend un peu de diurétiques pour aider à éliminer.

Chapitre XII

Une alimentation saine

Un traitement contre la cellulite comprend d'abord et avant tout une alimentation saine.

Pour ceux qui ont moins de dix livres à perdre ou dont le poids est normal, le programme alimentaire se présente comme assez sévère pendant deux semaines et beaucoup moins par la suite.

L'idée est d'abord d'assurer une certaine désintoxication, un certain nettoyage de l'organisme dans les deux premières semaines en mangeant

des protéines,

beaucoup de légumes verts et de crudités

et en éliminant le sel, les fritures et les hydrates de carbone, sauf au petit déjeuner.

On procède de la façon suivante pour le programme alimentaire.

Pour le petit déjeuner

Il faut toujours prendre un jus de fruits, orange ou pamplemousse, ou le fruit, orange ou demi-pamplemousse.

Si la personne a tendance à souffrir de constipation, il est souhaitable qu'elle mange un peu de céréales de son ("All-Bran") avec un peu de lait et des pruneaux. Les céréales peuvent être sucrées avec du sirop d'érable, par exemple.

On peut permettre une ou deux rôties ou des "muffins".

Le thé et le café peuvent être tolérés mais en quantité raisonnable et jamais trop forts.

Un régime en trois points

Pour les autres repas, le programme alimentaire se divise en trois points.

Premier point:
Pas de sel ni de glutamate de sodium

Quand on dit *pas de sel*, cela veut dire:

PAS DE...

jambon, bacon, saucisses, smoked-meat, salami, foie gras, cretons, rillettes, tête fromagée, viandes fumées en conserve ou pressées.

Cela veut dire:

PAS DE...

poisson en conserve ni de fruits de mer en conserve, ni de poisson fumé ou pané.

Cela veut dire:

PAS DE...

soupes en conserve, en enveloppes ou en concentrés.

— En somme, il ne faut manger aucun aliment auquel on a déjà ajouté du sel lors de la préparation commerciale;

— il ne faut pas non plus en mettre pour préparer les aliments à la maison

— ni en ajouter quand les aliments sont dans votre assiette.

Deuxième point: Évitez toute friture

Cela veut dire ne rien faire cuire dans

le beurre, la graisse, l'huile ou la margarine.

On peut mettre de l'huile dans les salades, mais il est défendu de faire cuire quoique ce soit dans l'huile.

De même, on peut mettre de la margarine sur les légumes après qu'ils soient cuits, mais il ne faut rien faire cuire dans la margarine.

Les huiles recommandées sont *l'huile de maïs* en premier choix, puis l'huile de coton, de soya, de graines de sésame ou de tournesol.

La margarine recommandée doit être molle, non salée, à base d'huile de maïs ou de soya.

Troisième point:
Un régime riche en protéines

Les gens doivent manger *un choix d'aliments riches en protéines,* cela veut dire les viandes maigres, les volailles, les poissons, les oeufs, les légumes et les fruits.

Premier groupe: les viandes maigres

Ce groupe comprend:

le cheval, le veau et le boeuf dégraissé

évidemment préparés sans gras, c'est-à-dire

grillés au four, sur le charbon, à la broche, dans une poêle recouverte de teflon ou tout autre système pour faire cuire des viandes sans gras.

S'il s'agit de

rosbif ou de rôti de veau,

peu importe comment il est préparé si vous choisissez des tranches à l'intérieur, c'est-à-dire des tranches qui n'auront pas été en contact avec la sauce. Vous pouvez évidemment manger vos viandes chaudes ou froides.

Deuxième groupe: les volailles

Ce groupe comprend:

le poulet ou la dinde.

Vous pouvez ajouter les *poussins,* les *pigeons,* les *cailles* et les *perdrix.*

Vous pouvez les préparer

au four, en barbecue, bouillies ou à l'autocuiseur

pourvu qu'elles soient toujours préparées sans gras.

Vous devez toujours enlever la peau pour manger les volailles. Mais vous pouvez en manger à volonté.

Vous pouvez aussi ajouter aux volailles, à cause de la qualité de leur viande, le *lièvre* et le *lapin.*

Troisième groupe : les poissons

Tous les poissons frais ou congelés sont permis.

Tous les fruits de mer frais ou congelés sont permis (si votre taux de cholestérol est normal).

Parmi les poissons les plus recommandés, il y a

> la sole, la morue, l'aiglefin.

Tous ces poissons doivent être

> cuits au four, dans l'eau ou dans une poêle recouverte de teflon ou cuits dans du jus de tomate non salé ou de la soupe aux tomates non salée.

Tous ces poissons peuvent se manger nature ou avec du jus de citron ou avec le jus de tomate non salé qui a servi à les faire pocher.

Il faut éviter de manger les poissons

> en conserve salés comme le thon, le saumon, les poissons fumés et les poissons enrobés de panure.

Quatrième groupe: les oeufs

Ceux-ci sont permis si votre taux de cholestérol est normal. Beaucoup de cardiologues conseillent de les éviter le plus possible. Je ne les recommande pas en très grande quantité. Toutefois, vous pouvez en manger à l'occasion pourvu que ce soit *poché, à la coque* ou *dans une poêle recouverte de teflon.* Moins de cinq oeufs par semaine serait acceptable.

Cinquième groupe: les légumes

Pendant les deux premières semaines, vous ne mangez que des légumes verts et des crudités:

ail	choux de Bruxelles	haricots jaunes
artichaut	concombre	laitue
asperges	courgette	oignon
aubergine	cresson	piments vert et rouge
brocoli	échalote	poireau
céleri	endives	radis
champignons	épinards	tomate
chicorée	escarole	zuchette
chou	fèves de soya	
chou-fleur	haricots verts	

Il faut éviter autant que possible les légumes en conserve. Il vaut mieux les acheter frais ou congelés.

Évitez aussi tous les légumes féculents ou farineux:

pommes de terre, carottes, navets, betteraves, petits pois, maïs,

sont défendus pendant les deux premières semaines.

Il en est de même pour les *pâtes,* le *riz* et le *pain* sauf le pain du petit déjeuner.

Quand les deux premières semaines sont terminées, si vous n'avez pas de poids ou moins de dix livres à perdre, vous pouvez recommencer à manger des légumes féculents ou farineux, un peu de pâtes,de riz ou de pain.

Cependant, vous devez toujours prendre soin d'en manger moins que vous ne le faisiez auparavant. Je vous dirai pourquoi tout à l'heure.

Sixième groupe: les fruits

La première semaine, mangez des fruits le matin mais n'en abusez pas aux autres repas. Prenez-les comme dessert ou comme collation.

Après la première semaine, si vous n'avez pas de poids ou moins de dix livres à perdre, vous pouvez en manger à volonté, la sorte que vous voulez et quand vous le voulez. Les autres doivent attendre d'avoir atteint le poids désiré.

Septième groupe : les boissons

L'eau

Il faut boire beaucoup d'eau.

Vous devrez prendre un minimum de 5 ou 6 grands verres d'eau par jour. Il est préférable d'en boire 10 à 12.

Comme eaux minérales, on permet Evian, Vittel, Contrexeville, Perrier, Canaqua ou Labrador et les autres eaux ne contenant pas trop de sodium. Il faut éviter les eaux alcalines qui en contiennent habituellement trop.

L'eau que vous buvez contribue à faire éliminer le sel et l'eau déjà dans votre organisme, cette dernière entraînant les toxines et les déchets des tissus. L'eau aide aussi à diminuer la constipation.

Le lait

Le lait 2% contient une assez bonne quantité de protéines et, de même que les viandes, peut être considéré comme utile dans un régime anti-cellulite. On peut donc en prendre mais en quantité raisonnable.

Le thé et le café

Le thé et le café sont autorisés mais en quantité limitée.

Il est préférable de prendre des breuvages non sucrés dans la journée, sauf dans les cas où l'on se sent fatigué.

Il vaut mieux ne jamais boire plus de trois cafés réguliers par jour. Si vous en buvez davantage, vous devriez prendre du café décaféiné.

Quant au thé, il faut toujours éviter de le prendre trop fort, ce qui veut dire que vous ne devez jamais faire plus de deux tasses de thé avec le même sachet et ne jamais laisser tremper le sachet quand le thé est infusé ni presser sur le sachet avec une cuillère.

Le café et le thé forts contribuent à augmenter la nervosité, la tension et nuisent très souvent au sommeil. Cela peut contribuer à augmenter la cellulite ou tout au moins pourrait nuire à sa diminution.

Puisqu'on a dit que la cellulite était due au stress, il est bien entendu que le thé et le café, par leur influence sur le système nerveux, peuvent nuire au traitement de la cellulite.

Les alcools

Vous pouvez boire un peu de vin sec rosé, rouge ou blanc en mangeant. Cela peut favoriser la digestion et contribuer à vous détendre, ce qui ne nuira pas au traitement de la cellulite.

Il faut éviter les alcools sucrés comme le Grand Marnier, le Triple Sec, etc. pour éviter de prendre trop de sucre, tout au moins au début du traitement.

Les alcools forts comme le gin, le scotch, le rye, la vodka, le cognac, etc. peuvent être pris en petites quantités, nature ou avec de l'eau, à condition que l'alcool ne vous fasse pas gonfler, auquel cas il serait défendu.

Huitième groupe: les adjuvants au régime

La moutarde, le vinaigre, le poivre, les herbes, l'ail, le persil, l'oignon, la ciboulette, l'estragon, etc. sont permis à volonté.

Ils donnent du goût aux aliments.

Remarques générales

Il faut manger quand on a faim.

Il n'est jamais bon de sauter un repas et de ne pas manger ce dont vous avez besoin dans une journée.

Dans les traitements de cellulite où il n'y a pas de poids ou moins de dix livres à perdre, il est bien évident que les anorexiques sont inutiles.

Quant à l'eau qu'on dit de boire, elle peut être bue à n'importe quel moment de la journée, chaude, tiède ou froide à votre goût.

Le thé, le café et le lait ne comptent pas comme de l'eau, mais les tisanes peuvent, elles, remplacer l'eau.

Quand les deux premières semaines sont passées

Tout ce qui était permis durant les deux premières semaines est encore permis.

Et vous pouvez ajouter betteraves, navets, carottes, petits pois, maïs et riz.

Il faut autant que possible en manger moins qu'auparavant.

Il faut continuer à faire particulièrement attention aux quatre "P": *pain, pommes de terre, pâtisseries et pâtes alimentaires* qui devraient être réduits au moins à 50% de vos habitudes antérieures.

Les raisons du régime

Ce régime alimentaire est prescrit pour les raisons suivantes:

- En diminuant le sel, on diminue la rétention d'eau.
- Manger beaucoup de légumes verts et de crudités permet une meilleure élimination des déchets par le tube digestif.
- Boire beaucoup d'eau permet une bonne élimination par les voies urinaires.
- Enfin, manger beaucoup de protéines permet de réparer plus rapidement les tissus qui ont pu s'abîmer à cause de la cellulite.

D'autre part, en coupant le gras, on permet au foie de travailler moins pour assurer la digestion et la transformation de la nourriture trop grasse. Il peut donc mieux jouer son rôle de nettoyage tout comme le rein d'ailleurs.

Avec un tel choix d'aliments, il s'agit plutôt d'apprendre aux gens comment avoir une alimentation saine et bien équilibrée.

Le choix d'aliments et leur répartition dans la journée doit les nourrir sans risquer d'abîmer leur santé et sans risquer de demander à l'organisme de digérer des aliments qui mobiliseront une partie de l'énergie de l'individu et causeront une usure plus rapide des tissus.

En conséquence, un tel programme alimentaire n'est pas donné pour quelques semaines seulement.

> Cela doit devenir la base de votre alimentation jusqu'à la fin de vos jours.

Chapitre XIII

L'exercice physique

Nous avons dit précédemment que le traitement de la cellulite consistait avant tout en un "régime de vie" destiné à améliorer la santé le plus possible.

L'exercice physique fait partie d'un tel programme.

Pourtant, depuis toujours, on entend dire qu'une femme qui fait de la cellulite ne doit pas faire de l'exercice physique.

Que penser?

Doit-on faire de l'exercice physique?

Pour certaines personnes impliquées dans ces traitements, il serait néfaste d'en faire.

Une telle affirmation est trop générale et fait abstraction de la physiologie du corps humain.

Certes, s'il s'agit d'exercices qui ne contribuent pas au conditionnement physique, c'est-à-dire qui ne contribuent pas à une bonne oxygénation de l'organisme, c'est inutile et cela peut être nuisible.

Il est bien évident que la personne qui marche pendant quatre heures de vitrine en vitrine, de comptoir en comptoir dans les grands magasins *ne s'oxygène pas*. L'exercice qu'elle fait en marchant ainsi pendant plusieurs heures est très nuisible au traitement de la cellulite.

Ce n'est que de la fatigue.

Cela cause une accumulation de déchets dans les tissus et, comme il n'y a pas d'oxygénation, il n'y a pas d'élimination de ces déchets. L'oxygène brûlé n'est pas remplacé.

Donc, dans ce cas, c'est mauvais.

Mais faire du conditionnement physique dans le but d'une oxygénation de l'organisme la plus complète possible, *c'est utile au même titre que pour n'importe quelle autre personne.* De même, marcher *rapidement* pendant une heure ou deux de façon à augmenter le rythme cardiaque et respiratoire sera aussi très utile.

L'oxygénation de l'organisme

On considère que lorsque l'on favorise une oxygénation en profondeur de l'organisme, on améliore la résistance de l'individu. C'est Kenneth Cooper qui l'a démontré d'une façon assez évidente dans *Aerobics.* Ce programme contribue à améliorer la santé des gens en améliorant leur oxygénation.

Sans nous attarder longuement sur le sujet, disons que l'oxygénation, en plus de bien nourrir les cellules, permet une bonne élimination des déchets, une meilleure contraction musculaire et un meilleur fonctionnement physiologique dans son ensemble. Elle améliore donc le fonctionnement métabolique.

On en revient au principe de base donné pour le traitement de la cellulite.

En améliorant la condition physique des gens, on améliore leur santé.

Plus on s'oxygène, plus on élimine les déchets et on améliore la santé.

Une meilleure santé permet de mieux traiter la cellulite. Il y a moins de chances qu'elle ne revienne.

On recommande donc tout exercice qui favorise le conditionnement physique et assure une bonne oxygénation dans un bon traitement de la cellulite.

La bicyclette

Il y a un exercice, en particulier, qui est *triplement* utile pour la cellulite, *c'est la bicyclette.*

D'une part, en tant qu'élément de conditionnement physique, cet exercice favorise une bonne oxygénation.

La bicyclette est un exercice qui contribuera à augmenter votre rythme cardiaque et respiratoire. Votre coeur battra plus rapidement et plus fortement. Au lieu d'avoir environ 70 battements par minute, vous en aurez peut-être 125 ou 150.

Rouler à bicyclette signifie que vous expédierez avec beaucoup plus de force et beaucoup plus rapidement dans tout votre organisme un sang beaucoup mieux oxygéné.

Vos cellules seront mieux nourries.

Ces cellules, en prenant la nourriture, c'est-à-dire l'oxygène dans le sang, retourneront dans celui-ci les déchets de la combustion, c'est-à-dire le CO_2. Celui-ci sera ramené au poumon et sera expulsé de l'organisme.

Deuxièmement, comme la bicyclette fait travailler surtout les muscles des cuisses et des jambes, c'est donc dans cette région du corps que le sang mieux oxygéné par l'accélération du rythme respiratoire ira transporter son oxygène en plus grande quantité. Cela aidera aussi à éliminer en plus grande quantité les déchets, aussi bien ceux qui se sont formés par l'exercice que ceux qui étaient déjà là antérieurement à cause de la cellulite.

En favorisant une plus grande oxygénation, la bicyclette assurera une meilleure élimination des déchets de cette région du corps.

Cela aidera à traiter la cellulite.

Troisième avantage de la bicyclette: le fait de faire bouger régulièrement les muscles des cuisses et des jambes pourra aider

- à remodeler (partiellement au moins) une cuisse légèrement déformée
- et aider à faire disparaître les petits nodules qu'on trouve souvent dans le tissu conjonctif même s'il n'y a pas de déformation.

Le mouvement des muscles sous la peau est certainement la meilleure forme de massage et sûrement la plus profitable qui puisse se donner.

Pour contribuer à remodeler la cuisse, il n'est pas absolument nécessaire que ce mouvement-là soit forçant. Ce qui compte, c'est qu'on puisse faire ce mouvement le plus grand nombre de fois possible.

Il n'est donc pas nécessaire:

1) de serrer la clé pour mettre une grande pression sur la roue
2) ni de pédaler à grande vitesse.

Plus la cuisse fera de mouvements aller-retour en suivant le mouvement du pédalier,

plus ce muscle se réchauffera; il sera mieux vascularisé, mieux oxygéné

et les déchets de ces régions seront ainsi mieux éliminés.

En pratique, cela provoquera une transformation dans la cuisse qui pourra contribuer d'une part à éliminer la cellulite donc, cet excès de liquide ou ces déchets qui s'accumulent dans les tissus sous la peau.

Il rendra celle-ci moins perméable à une accumulation nouvelle d'eau et de déchets et diminuera par le fait même le risque de refaire encore de la cellulite.

Et quoique certains puissent en penser, cela ne fera pas grossir vos jambes.

Si vous avez pris le temps de regarder les coureurs professionnels sur deux roues, vous avez pu vous rendre compte qu'aucun d'eux ne souffrait de cellulite sur les cuisses. Et cela s'applique aussi bien aux hommes qu'aux femmes.

Faire de la bicyclette, cependant, peut présenter des inconvénients.

Souvent la température pluvieuse ou trop froide pourrait vous faire négliger cet exercice.

Personnellement, je recommande les bicyclettes d'exercice. Elles ont plusieurs avantages:

- la température est toujours idéale dans la maison;
- vous pouvez en faire à n'importe quelle heure, dans n'importe quelle tenue ou même en regardant la télévision, etc.
- et vous n'aurez pas d'excuses pour ne pas faire vos exercices régulièrement!

Quelles caractéristiques cette bicyclette devra-t-elle avoir?

La bicyclette d'intérieur

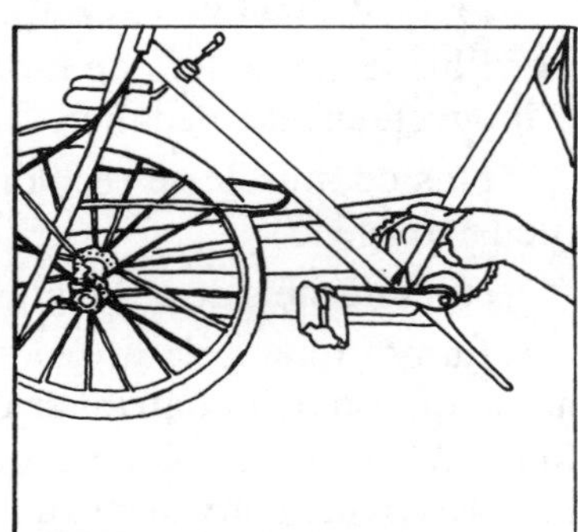

Premièrement, il faut qu'il y ait une roue qui soit séparée du pédalier et reliée à l'autre roue par une chaîne. Si la roue est séparée du pédalier, elle assurera en tournant un mouvement con tinu beaucoup plus régulier qui évitera les à-coups inutiles et même nuisibles au point de vue du développement, de la souplesse et du remodelage de la cuisse.

Il faut aussi un compteur de vitesse pour évaluer à quelle vitesse vous pédalez.

Enfin, il faut une petite clé pour mettre une pression sur la roue et augmenter la difficulté lorsque c'est nécessaire.

Le deuxième exercice, c'est de pédaler dans les airs.

Vous vous couchez sur le dos et vous pédalez les jambes en l'air pour arriver à en faire 200 coups le matin, 200 coups le soir.

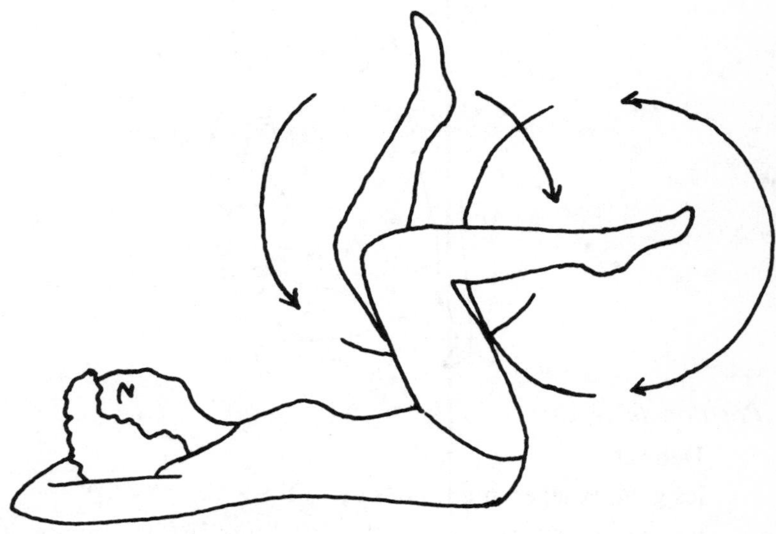

Lorsque cela devient trop facile, il faut mettre, par exemple, des bottines de ski pour augmenter l'effort.

L'avantage de cet exercice c'est de contribuer, en inversant la circulation, à décongestionner beaucoup plus rapidement les tissus remplis de cellulite.

De même, ces exercices sont très reposants pour les personnes qui ont les jambes enflées le soir à cause d'un travail debout.

Le troisième exercice: flexion de la jambe

Position de départ:

Debout,

les genoux légèrement pliés et

les mains appuyées sur le dossier d'une chaise, d'un petit meuble ou sur les hanches.

Mouvement:

Vous élevez les talons pour vous mettre sur la pointe des pieds.

Vous pliez les genoux d'un mouvement continu mais

sans descendre jusque sur vos talons et

vous remontez à la position de départ.

Vous répétez autant de fois que vous pouvez.

Cet exercice peut être très utile pour celles qui n'ont pas de bicyclette d'intérieur pour durcir les muscles des cuisses et remodeler la forme de la jambe.

Une bonne séquence d'exercices

Personnellement, je recommande de procéder comme suit quand vous faites ces exercices pour traiter la cellulite.

1. Faites une première séquence en vous couchant sur le dos pour pédaler dans les airs. Il faut arriver à faire entre 50 et 100 mouvements.
2. Ensuite, commencez à pédaler sur votre bicyclette d'exercice.

   Ne mettez pas de pression sur la roue. Pédalez assez vite (25 à 30 kilomètres à l'heure ou 15 à 20 milles à l'heure) pour vous réchauffer et vous oxygéner pendant 1 à 3 minutes.
3. Ensuite, mettez un peu de pression pour 5 minutes environ.
4. Enlevez toute pression sur la roue et pédalez à la vitesse qui vous conviendra le mieux et le plus longtemps possible.
5. Recouchez-vous par terre pour pédaler encore de 50 à 100 coups dans les airs.

Note: Ceux qui manquent trop d'entraînement pourraient au début laisser tomber la phase 3.

Pourquoi procéder ainsi?

Voici l'explication de chaque phase.

1. Pédaler les jambes en l'air contribue, en renversant la circulation, à bien décongestionner les jambes.
2. Phase de réchauffement. Cette phase est utile surtout si vous incluez la phase 3 dans votre programme. Sinon la phase 1 suffit comme réchauffement.
3. La phase 3 a pour but d'améliorer plus rapidement votre condition physique et de mieux vous oxygéner. Cependant, cela peut s'avérer plus fatigant, tout au moins dans les débuts.

4. Cette phase est très importante pour le traitement de la cellulite. Vos résultats s'amélioreront en fonction du nombre de fois où vous plierez la jambe et la cuisse.
5. Enfin, pour terminer, cette phase contribue à bien nettoyer les muscles et à décongestionner la jambe après les efforts que vous venez de faire.

Je recommande à celles qui n'ont pas ou qui ne peuvent pas avoir tout de suite de bicyclette de pédaler dans les airs 200 fois, matin et soir, en commençant évidemment par quelques mouvements et en augmentant à votre rythme.

Je recommande aussi la marche.

D'ailleurs, tout le monde devrait faire de la marche et toutes celles qui peuvent se livrer à des sports devraient le faire.

Remarque

Une remarque importante pour les patientes qui ont une déformation de la cuisse: si vous pratiquez un sport où vous devez marcher beaucoup, *courir* ou *sauter,* je vous recommande de porter des bas-culottes élastiques pour éviter que le poids des tissus remplis de cellulite étire et déforme davantage les cuisses, exactement comme pour les seins chez les femmes qui ne portent pas de soutien-gorge.

Les bas-culottes que je recommande doivent contenir 25% de "spandex" pour le *bas et la culotte* de préférence.

Certains bas n'ont du "spandex" que dans la portion du bas. Il faut choisir les autres de préférence.

Enfin, dernière remarque, il n'est pas nécessaire de porter des bas de soutien très dispendieux. Très souvent, vous les payez beaucoup plus cher et ils ne contiennent que 17% de "spandex".

* * *

Autres exercices recommandés

Beaucoup de livres et de revues féminines suggèrent des exercices contre la cellulite. Je vous en cite quelques-uns qui peuvent être utiles.

I — Cet exercice contribue entre autres à remodeler la cuisse

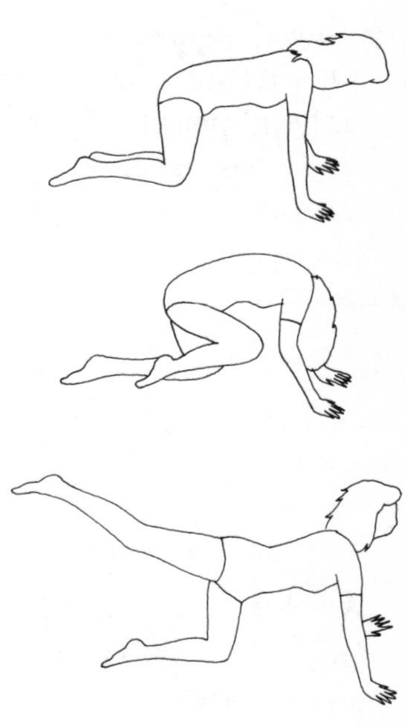

Position de départ:

À quatre pattes.

Mouvement:

Pliez la jambe gauche en avant.

Touchez votre front,

puis tendez-la vers l'arrière le plus haut et le plus droit possible.

Restez ainsi pendant 10 secondes.

Reprenez la position de départ.

Recommencez avec l'autre jambe.

Nombre de fois:

Au début, 3 ou 4 fois, pour en arriver à une dizaine de fois avec chaque jambe.

II — Cet exercie contribue à remodeler la courbe de la fesse et l'arrière de la cuisse. Cela pourrait aider à faire disparaître les petites ondulations très fréquentes à ces endroits.

Position de départ:

Allongée sur le dos,
les bras le long du corps,
les jambes repliées et
les pieds au sol.

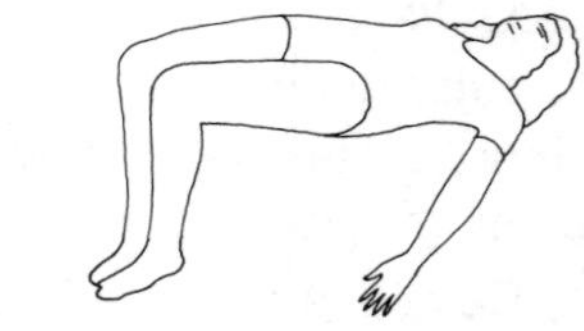

Mouvement:

Soulevez le bassin.

Allongez la jambe droite.

Gardez la position en comptant jusqu'à 10.

Reprenez la position initiale.

Recommencez avec l'autre jambe.

Nombre de fois:

Au début, 3 ou 4 fois, pour en arriver à une dizaine de fois.

III — Cet exercice contribue aussi à corriger certaines déformations produites par la cellulite.

Position de départ:

Couchée sur le dos, les bras étendus de chaque côté et les jambes à angle droit sur un côté.

Mouvement:

Soulevez les jambes vers le haut.

Attendez un moment.

Descendez les jambes de l'autre côté très lentement.

Recommencez en revenant vers la gauche.

Nombre de fois:

Au début, 3 ou 4 fois, pour en arriver à une dizaine de fois.

IV — Cet exercice pourra contribuer à faire durcir les muscles de la paroi abdominale. Par les mouvements des jambes, ce mouvement pourra aussi contribuer à remodeler la forme de la cuisse.

Position de départ:

Assise,

les jambes allongées,

bien appuyée sur les mains de chaque côté.

Mouvement:

Soulevez les jambes en avant.

Croisez les jambes pour faire un ciseau en passant tantôt une jambe par-dessus, tantôt l'autre.

Reprenez la position de départ.

Reposez-vous quelques instants.

Et recommencez.

Nombre de fois:

Au début, 3 fois en passant alternativement d'une jambe à l'autre.

Repos.

Recommencez cet exercice une dizaine de fois.

Ces exercices (et d'autres) peuvent vous rendre service.

Toutefois, évitez tout exercice dont le principe est un écrasement ou une friction trop violente qui ne pourrait que faire augmenter les bosses que vous avez peut-être.

Un exemple de ces exercices est celui où vous vous frapperiez la cuisse et la hanche contre un mur sous prétexte d'aplatir la bosse.

Ce serait une erreur. Sous les coups ou une irritation prolongée, les tissus ont tendance à s'épaissir pour se protéger. Observez par exemple les mains pleines de corne ou de peau épaissie des travailleurs manuels ou ce durcissement et cet épaississement de la peau là où vos souliers frottent trop sur le talon.

Chapitre XIV

Le repos

Dans un bon régime de vie, le repos est très important. Divisons-le en trois points. Le repos peut comprendre

le *sommeil,*
la *relaxation*
et la *détente.*

En quoi le repos peut-il aider au traitement de la cellulite?

C'est assez simple. Nous avons retenu le stress comme cause de la cellulite.

Toutes les situations causant une tension physique, physiologique ou psychique et demandant par le fait même un effort plus grand à l'organisme favorisent l'apparition de la cellulite.

Donc, si vous êtes tendue, fatiguée, surmenée, si vous n'apprenez pas à vous relaxer et si vous ne prenez pas la quantité de sommeil nécessaire, il vous sera difficile de ne pas faire de la cellulite ou encore d'améliorer la situation.

La cellulite ne se guérit pas mais on peut améliorer la situation et dans bien des cas obtenir d'excellents résultats. Il faudra cependant toujours faire attention si vous ne voulez pas que la cellulite recommence ou qu'elle augmente. Donc il faut vous reposer. Et le sommeil est un des meilleurs moyens d'y arriver.

Le sommeil

Si vous voulez vraiment que votre cellulite diminue beaucoup, qu'elle disparaisse même, et si vous voulez éviter qu'elle ne revienne, il faut dormir le nombre d'heures nécessaire à votre santé.

Votre système nerveux, quand vous êtes fatiguée, réagira moins normalement. Un certain déséquilibre se produira dans votre fonctionnement physiologique, au niveau des cellules, qui affectera donc votre métabolisme en général. Le manque de sommeil vous empêchera de récupérer, donc de vous débarrasser des déchets de votre organisme et de nourrir correctement vos cellules.

Vous recommencerez donc une nouvelle journée pardessus cette fatigue. Vous augmenterez encore la quantité de déchets dans votre organisme. Vous accentuerez encore ce déséquilibre des échanges physiologiques entre les cellules et le sang. Ainsi, graduellement, la cellulite augmentera.

Il y a beaucoup d'opinions au sujet du sommeil.

On dit que les heures du début de la nuit sont meilleures que celles du matin.

On dit qu'il faut absolument dormir un certain nombre d'heures, généralement autour de huit.

On dit qu'il faut dormir la fenêtre ouverte, etc.

On raconte tellement de choses à propos du sommeil qu'il serait peut-être bon d'examiner la question brièvement.

Je ne m'attarderai pas cependant puisque c'est un sujet que j'ai déjà traité dans le livre *Santé et joie de vivre* publié aux Éditions de l'Homme.

Les sortes de sommeil

Il existe deux sortes de sommeil qui alternent de quatre à six fois au cours d'une nuit. Cela a été constaté au cours de recherches entreprises sur un grand nombre de personnes.

Il y a d'abord le sommeil qu'on appelle "lent" pendant lequel le dormeur est calme et immobile. Il semblerait d'ailleurs que c'est un sommeil très reposant.

L'autre phase est celle du sommeil "paradoxal". Cette phase est marquée par des mouvements rapides des yeux et une certaine agitation du corps.

Malgré cette agitation, il semble contre toute vraisemblance que ce soit la phase de sommeil la plus importante. C'est d'ailleurs pour ça qu'on l'appelle "paradoxal".

C'est à ce moment-là que la personne rêve. Les rêves sont très importants dans le sommeil. Cela a été prouvé par des études menées aux États-Unis en particulier. Le rêve serait absolument nécessaire à la bonne santé. Quand je parle de rêves, je parle de rêves pendant le sommeil et non de rêverie éveillée.

On a fait des expériences pendant lesquelles on a placé certains appareils sur le crâne des individus. C'était des plaques que l'on fixait sur la peau et qui enregistraient le courant électrique dégagé par le cerveau comme on le fait par exemple pour un électro-encéphalogramme. On a pu déterminer ainsi les moments où la personne rêvait.

Partant de là, on a tenté l'expérience suivante: chaque fois qu'on constatait que la personne commençait à rêver, on la dérangeait de façon à interrompre le rêve. Au bout de très peu de temps, ceux qu'on avait ainsi empêchés de rêver devenaient très déprimés, fatigués, hagards, incapables de concentration. Tout rentra cependant dans l'ordre dès qu'on laissa ces gens dormir convenablement et rêver à leur guise.

Rêves et cauchemars

Entendons-nous bien. Si vous êtes dans un état de fatigue chronique, si vous êtes très tendu, très contracté, il peut arriver que vos rêves ne soient plus un moment de repos mais plutôt l'expression de cette tension, de cette fatigue. Vous faites alors des cauchemars qui augmentent encore plus votre tension. C'est dans ce sens-là qu'on dit que les gens qui sont trop fatigués n'arrivent plus à avoir un sommeil reposant.

Le rêve normal est une manifestation de défoulement. Le cauchemar est plutôt une manifestation de refoulement et, à cause de cela, il augmente la tension. Disons que le processus de défoulement est mal canalisé et qu'au lieu de produire un rêve bénéfique, cela provoque un cauchemar qui n'aide en rien la santé.

Nombre d'heures de sommeil nécessaires

On dit qu'*en moyenne* le nombre d'heures de sommeil nécessaires est d'environ sept à huit heures.

Il semble bien cependant qu'il y ait des gens qui peuvent dormir quatre ou cinq heures seulement pendant plusieurs jours pourvu qu'ils puissent de temps en temps avoir une nuit de sommeil un peu plus longue. Par contre, d'autres doivent absolument dormir neuf à dix heures chaque nuit sinon ils n'arrivent pas à récupérer et se sentent toujours fatigués.

En général, ceux qui n'ont pas besoin de beaucoup d'heures de sommeil sont des gens qui réussissent à se détendre très rapidement. Dès qu'ils se couchent, ils dorment d'un sommeil reposant. Ces gens peuvent donc récupérer beaucoup plus rapidement que ceux qui prennent un temps infini à s'endormir ou qui n'arrivent pas à se détendre vraiment en dormant.

D'autres, par contre, devront rester au lit pendant plus de huit heures mais ne dormiront en fait d'une façon vraiment reposante que pendant quatre ou cinq heures. Leur sommeil prend du temps à devenir réellement reposant. Ils sont couchés mais, en fait, c'est comme s'ils ne l'étaient pas encore.

Le nombre d'heures de sommeil est en rapport avec la capacité que les gens ont de bien relaxer pour profiter immédiatement de leur sommeil dès qu'ils se couchent.

Il semble bien que plus les personnes avancent en âge, plus le nombre d'heures de sommeil nécessaire diminue. De toutes façons, on peut dire que dans la pratique, le nombre d'heures nécessaire varie d'un individu à un autre et même selon les différentes époques de la vie d'un même individu.

Ce qui compte en somme, c'est de dormir suffisamment pour avoir le temps de récupérer.

Le sommeil avant minuit

Est-il vrai que les heures de sommeil avant minuit sont en fait les heures de sommeil les plus profitables?

La chose est certainement vraie pour beaucoup de gens. Par contre, il semble bien qu'elle ne le soit pas pour d'autres.

À mon avis, se coucher tôt et se lever tôt ou se coucher tard et se lever tard est beaucoup plus une question de tempérament.

Il y a des gens qui fonctionnent mieux le matin et d'autres qui fonctionnent mieux le soir. Autant que possible, souhaitons que chacun puisse organiser sa vie et son travail pour vivre aux heures où il est le plus efficace et où cela risque moins de lui causer une fatigue exagérée.

Il y a toujours des gens qui sont levés avec le soleil mais qui le soir doivent se coucher tôt. Il y en a d'autres qui sont très lents à démarrer le matin mais qui le soir sont en forme très tard et ne s'endorment pas à la même heure que les autres. C'est à ce propos que j'ai dit qu'il y a là une question de tempérament.

Autres règles pour un bon sommeil

Il y a plusieurs règles dont les gens devraient tenir compte pour s'assurer un bon sommeil et ainsi éviter les insomnies.

La première, c'est d'abord de *s'installer confortablement.*

Cela vous semble évident. Pourtant, dans la pratique, on dirait bien que les gens ne s'en rendent pas compte tant ils s'organisent mal.

Pour bien dormir, il ne faut pas se coucher en portant des vêtements trop serrés, soit à la taille, aux poignets, au cou ou aux chevilles. En fait, pour dormir vraiment à l'aise, la meilleure solution serait de dormir entièrement nu.

J'admets que cela n'est pas toujours possible.

Il faut qu'un lit soit suffisamment rigide pour qu'il ne creuse pas dans le milieu de façon à ce que la tête et les pieds soient plus haut. Cela risquerait de provoquer des distorsions de la colonne ou des malaises durant le sommeil.

Pour les gens qui dorment sur le dos ou sur le ventre, un oreiller n'est pas absolument nécessaire. Pour ceux qui dorment sur le côté, un oreiller peut être utile pour éviter les douleurs dans le cou.

Le silence est habituellement une condition nécessaire à un bon sommeil. Pourtant, quand on parle de silence, cela ne veut pas nécessairement dire un silence total et absolu.

Le silence nécessaire pour bien dormir, c'est celui qui fait abstraction de tous les bruits qui peuvent nous déranger d'une façon immédiate.

Il serait impossible à la plupart des gens de dormir dans une pièce où un tourne-disque jouerait à tue-tête et où des gens danseraient. Ce serait beaucoup trop bruyant.

De même, il peut être très difficile de dormir durant le jour dans un appartement où, par exemple, on lave la vaisselle.

Par contre, le cerveau est capable de faire une sélection, une censure même, de certains bruits et peut nous rendre sourd à un certain nombre d'entre eux.

Il y a certains bruits qu'on n'entend pas ou, je devrais dire, qu'on n'entend plus. Ce sont ceux qui nous deviennent très familiers et qui, par le fait même de l'accoutumance, disparaissent de notre conscience.

Il est nécessaire de *bien aérer* la pièce dans laquelle vous dormez pour faire sortir tout l'air vicié, l'air contenant du CO_2, et le remplacer par de l'air contenant le plus possible d'oxygène.

Il faut garder une *température confortable* selon les goûts de chacun.

Il faut un *degré d'humidité suffisant*.

Il ne faut pas avoir trop de *lumière* dans la pièce où l'on dort. Il n'est pas absolument nécessaire d'éteindre complètement toutes les lumières. Une petite lueur aidera beaucoup de gens à dormir d'une façon beaucoup plus détendue.

La relaxation

Il faut apprendre à vous relaxer. Vous pouvez le faire

- par certains exercices de culture physique bien simples.
- En prenant une marche à l'heure des repas si vous travaillez ou en allant prendre une marche dans l'après-midi si vous restez à la maison.
- Vous pouvez aussi relaxer en vous étendant quelques minutes, de préférence les pieds sur un tabouret ou un pouf, en ne pensant qu'à des choses agréables.

Vous pouvez aussi faire certains exercices de relaxation plus précis.

J'en ai déjà parlé très longuement dans *Santé et joie de vivre*. Vous pouvez aussi les trouver dans presque tous les livres traitant de la relaxation ou de la détente.

Exercices de relaxation

Le premier et le plus important, le plus connu aussi, est celui-ci. Couchez-vous sur le dos dans la position la plus confortable possible.

Essayez, en y pensant très fortement, de décontracter chacune des différentes parties de votre corps jusqu'à ce qu'elle devienne extrêmement lourde au point que vous ayez la sensation qu'elle s'enfonce dans le plancher ou dans le matelas.

Après vous être bien installé, pensez à votre pied droit par exemple. Dites-vous que toute la fatigue en sort, que votre pied se décontracte et que vous le sentez de plus en plus mou, de plus en plus lourd. Ensuite, passez à la cheville et représentez-vous la même image en vous répétant des mots semblables. Faites de même pour la jambe, le genou, la cuisse, etc.

Répétez la même technique pour la jambe gauche en partant du bas et en montant étape par étape jusqu'en haut.

Pensez ensuite aux membres supérieurs, mains et poignets, avant-bras et épaules.

Pour finir, décontractez le cou, la tête, le tronc, le thorax, les fesses, etc.

Cela peut prendre facilement de trois à cinq minutes pour décontracter ainsi toutes les parties du corps. Il faut y penser fortement et se convaincre qu'on les décontracte. Généralement, on arrive ainsi à de très bons résultats.

Évidemment, vous aurez plus de difficultés la première fois. Vous n'atteindrez pas à une aussi bonne relaxation, tout au moins, pas rapidement.

Avec de la pratique cependant, en répétant ces exercices tous les jours, même plus d'une fois par jour si vous en avez le temps, vous arriverez à vous décontracter très rapidement dès que vous vous étendrez sur le dos.

Cette façon de faire nous permet de récupérer très rapidement après une fatigue plus ou moins intense. On peut aussi éviter plus facilement le surmenage en pratiquant ces exercices de relaxation.

Il y a aussi d'autres façons de procéder.

Vous pouvez tout simplement vous asseoir dans un fauteuil très confortable, mettre les pieds soit sur le bord d'un bureau, sur un pouf ou sur une chaise assez élevée et procéder de la même façon pour décontracter chacune des parties de votre corps. Quand vous êtes assis plutôt que couché, au lieu d'étendre vos mains sur le côté, il est souhaitable de les croiser sur le ventre. La position est plus confortable.

Lorsqu'on parle de décontraction, une position très confortable est toujours très importante.

Le yoga

Le yoga, ou plus exactement le hatha-yoga, est un ensemble d'exercices physiques qui, au contraire de la culture physique occidentale, ne supposent pas d'effort musculaire. Un exercice de yoga doit se faire avec le minimum d'effort dans des positions de repos et de décontraction le plus absolus possible.

C'est aussi une technique de respiration. Si vous vous rappelez, je vous ai dit que l'oxygénation par une bonne respiration aide à se décontracter, à se détendre et à relaxer. Le yoga, par une bonne technique respiratoire, arrive à faire relaxer les gens plus facilement.

Je ne veux pas vous faire ici un cours de yoga. Ce serait beaucoup trop long et beaucoup trop compliqué. D'ailleurs, il n'est pas souhaitable d'entreprendre une démarche aussi complexe sans la présence d'une personne compétente. Que ceux qui voudraient essayer de contrôler et de dominer leur fatigue chronique en faisant du yoga s'adressent à des gens compétents dans ce domaine-là. Ainsi, ils pourront bénéficier grandement de cette discipline.

Il faut toujours vous rappeler que les Occidentaux d'une part sont beaucoup plus lourds que les Orientaux. D'autre part, les os et les muscles ne sont pas nécessairement faits de la même façon. Certains des exercices de hatha-yoga ne sont pas nécessairement à la portée de tous les Occidentaux. Ils peuvent même souvent leur être moins profitables. Il faut savoir les choisir.

C'est pourquoi il faut toujours pratiquer le yoga sous la direction de quelqu'un de compétent et non pas essayer de le faire seul en se fiant simplement à des livres ou à la théorie exposée un peu partout.

La détente

La détente est un état d'esprit.

Essayez d'arriver

à ne plus vous tracasser,

à ne plus vous inquiéter,

à ne plus toujours penser à ce qui peut vous compliquer la vie.

Essayez de voir la vie en rose le plus possible.

Essayez de voir le bon côté des choses.

Essayez de vous sentir bien dans votre peau.

Évitez de vous créer des complications. S'il fait beau, profitez-en. Ne soyez pas triste d'être obligé d'aller travailler ou d'être obligé de rester à la maison. Essayez de toujours prendre le bon côté de chacune des choses qui se présentent.

Chapitre XV

La constipation

Le problème de la constipation est un facteur très important dans un bon régime de vie.

Il faut une alimentation saine pour être en bonne santé.

Il faut faire de l'exercice.

Il faut suffisamment de repos.

Mais on a tendance à oublier qu'il faut aussi éliminer les déchets produits par notre organisme. Et lorsqu'on souffre de constipation, cette élimination ne se fait pas. Cela peut être nocif pour l'organisme et produire de la cellulite. Il faut vraiment tout faire pour éliminer le plus vite et le plus complètement possible tous les déchets produits au cours d'une journée.

Vous mangez chaque jour donc vos intestins devraient aussi fonctionner chaque jour.

D'ailleurs, le cycle évolutif de l'individu est basé sur le cycle diurne-nocturne.

Dans des conditions normales de vie, vous vous levez le matin, vous vous couchez le soir, vous vous relevez le lendemain matin, vous vous recouchez le lendemain soir, etc. Disons qu'il y a des points de repère dans votre vie comme le lever et le coucher. L'organisme doit fonctionner dans le cadre de ces limites, c'est-à-dire selon un cycle de 24 heures et selon les périodes de clarté et de noirceur. Or l'organisme, durant cette période-là, doit se nourrir, faire de l'exercice pour se renforcir et augmenter sa résistance au stress. Il doit aussi se reposer.

Durant cette même période, évidemment, pour être prêt à recommencer à fonctionner, il faut qu'il ait récupéré et qu'il *ait éliminé tous ses déchets*. Donc, il est normal que les intestins fonctionnent chaque jour.

Sinon, il y a une accumulation de déchets et cela peut causer toutes sortes de malaises.

Qu'est-ce que la constipation?

On peut définir la constipation comme *l'accumulation de déchets* dus à la nutrition au niveau du gros intestin.

Les selles deviennent dures et l'accumulation monte de plus en plus vers l'intestin grêle au point qu'au bout d'un certain temps tout le gros intestin est rempli et souvent même une partie de l'intestin grêle.

La constipation est donc une accumulation de déchets dans le "tuyau d'évacuation" de l'organisme et c'est cet encombrement du "tuyau d'évacuation" qui amène toutes sortes de malaises dans l'organisme.

Nous pouvons les résumer rapidement.

Les principaux malaises sont les suivants:

l'insomnie,
l'irritabilité,
une mauvaise haleine,
une langue chargée,
un appétit médiocre,
des nausées,
des maux de tête,
une fatigue excessive,
des maux de ventre,
du ballonnement.

En un mot, vous avez là toutes sortes de malaises désagréables qui pourraient vraiment vous gâter la joie de vivre.

Mais ce n'est pas tout.

Cela pourrait à la longue contribuer à diminuer la qualité de votre santé à cause de l'accumulation des déchets et, de ce fait, de la fabrication de toxines dans l'organisme.

Comment se produit la constipation?

Se produit-elle subitement à la suite de l'ingestion de certains aliments?

La constipation s'installe généralement graduellement. On s'habitue aux symptômes désagréables qu'elle provoque. On est de mauvaise humeur et on ne s'en rend pas toujours vraiment compte, attribuant cette mauvaise humeur à notre travail, à nos collègues ou à notre environnement.

Une expérience entre autres a démontré qu'il ne s'agit pas d'une intoxication réelle mais d'une réaction neuro-végétative.

On a demandé à un groupe de volontaires qui avaient l'habitude d'aller à la selle au moins une fois par jour de se retenir pendant 96 heures. Résultat: ces gens ont souffert très rapidement de tous les symptômes énumérés plus haut. Après un lavement et un bon nettoyage de l'intestin, ces symptômes ont disparu très rapidement.

C'était à prévoir.

On a fait la contre-expérience pour avoir une idée encore plus précise du phénomène.

Après s'être assuré que l'intestin était bien vidé, on a inséré des boules de coton absorbant pour emplir l'intestin comme si la personne était constipée. Aussitôt l'intestin rempli, les mêmes symptômes, les mêmes malaises sont apparus. Et ils ont disparu dès qu'on a enlevé les boules de coton.

Quelle conclusion en tirer?

C'est assez simple. On ne peut pas dire que les malaises soient causés par la présence de déchets mais plutôt à cause de la présence de corps étrangers inutiles dans le gros intestin. Cela provoque une réaction au niveau du système nerveux, réaction désagréable qui devrait inciter toute personne à vider son intestin dès qu'elle en ressent le besoin.

Il s'agit, on s'en rend bien compte, d'une sorte de signal d'alarme auquel malheureusement les gens constipés sont devenus sourds.

Y a-t-il plus de gens constipés aujourd'hui qu'anciennement? Il semble bien que ce soit une maladie du vingtième siècle.

La constipation: maladie moderne

La constipation est-elle vraiment une maladie du vingtième siècle?

Anciennement, la constipation était surtout l'apanage des gens riches. Ils étaient les seuls qui pouvaient se permettre une nourriture "plus raffinée".

Tandis que maintenant, dans la société de consommation dans laquelle nous vivons, les produits raffinés sont à la portée de tous.

Le raffinage plus poussé des aliments avait pour but, disait-on ou croyait-on, de purifier les aliments pour ne prendre que les portions vraiment nutritives et éliminer tout surplus de cellulose qui s'avère quelquefois irritant pour l'estomac ou l'intestin.

On a cru pendant longtemps que la cellulose ou les fibres végétales, étant donné qu'elles n'avaient aucune valeur nutritive, n'avaient aucun rôle à jouer. On pouvait donc se permettre de les éliminer de l'alimentation.

Le résultat ne fut pas, à la longue, celui qu'on attendait.

Le tégument qui enveloppe le grain de blé apporte des *fibres naturelles* extrêmement importantes dans le fonctionnement de l'organisme non pas en tant qu'élément nutritif mais en tant qu'élément favorisant un fonctionnement de l'intestin plus régulier et une élimination plus complète des déchets.

Par exemple, la farine de blé qui servait à faire le pain blanc est débarrassée d'une façon trop radicale de sa cellulose. Le blé ou la farine perd ainsi toutes ses qualités stimulantes pour l'intestin.

On s'est rendu compte tout récemment que ces fibres alimentaires, cette cellulose sont essentielles au fonctionnement harmonieux de l'intestin. Lorsqu'on n'en ingère pas suffisamment, cela favorise l'apparition de la constipation.

Celle-ci commence généralement très graduellement. On s'habitue aux symptômes désagréables qu'elle cause et, comme on ne réagit pas, elle augmente de jour en jour. De bénigne qu'elle était au début, elle devient vite très importante.

Traitement de la constipation

La constipation joue un rôle extrêmement important dans le bon fonctionnement de l'être humain. C'est une affection si fréquente qu'on néglige de la prendre au sérieux.

Les symptômes qu'elle provoque ont un effet désastreux sur le caractère de même que sur la santé physique et mentale. Elle peut causer en plus des maladies telles que les hémorroïdes, les démangeaisons de l'anus et d'autres troubles de la dernière portion de l'intestin.

Les différentes phases du traitement

1) D'abord, essayer de trouver la cause de cette constipation. Il peut s'agir d'un mauvais régime alimentaire ou encore de mauvaises habitudes de vie comme, par exemple, quand une personne se dit toujours trop occupée pour avoir le temps d'al-

ler à la selle quand le besoin s'en fait sentir. Si elle n'y va pas à ce moment-là, très souvent le besoin disparaîtra et la constipation commencera à s'installer.

2) Il faut faire cesser l'usage abusif des laxatifs, surtout des laxatifs violents, et les lavements trop fréquents. Cela provoque d'abord une irritation de l'intestin et une paresse consécutive.

3) Il faut s'occuper de l'alimentation.

Le tube digestif vise à éliminer les déchets de l'organisme. Évidemment, la nourriture peut avoir un rôle très important à jouer dans cette élimination.

Il faut donc inclure à notre régime des fibres alimentaires et de la cellulose pour que l'intestin fonctionne le mieux possible.

Les principaux aliments contenant beaucoup de fibres alimentaires ou de cellulose sont les légumes verts et les crudités tels que céleri, radis, chou, concombre, épinards, haricots verts, haricots jaunes, chou-fleur, champignons, fèves de soya, laitue, tomate, piments vert et rouge. Tous ces légumes peuvent augmenter la quantité de cellulose dans l'intestin et aider celui-ci à se vider plus régulièrement.

4) Il faut manger des aliments à valeur laxative.

Personnellement, lorsqu'une patiente me dit qu'elle est un peu constipée, je lui recommande de prendre des céréales de son de type "All-Bran" le matin ainsi que quelques pruneaux.

Si les intestins n'ont pas fonctionné dans la journée, on envisage alors un supplément au traitement. Disons que la consommation de céréales de son et de pruneaux doit se répéter chaque matin, tant et aussi longtemps qu'une certaine régularité dans le fonctionnement de l'intestin ne sera pas suffisamment rétablie.

5) Les laxatifs.

On peut évidemment utiliser certains laxatifs *s'ils ne sont pas trop irritants.*

Ce sont généralement les laxatifs à base de cellulose. Plusieurs compagnies en ont mis sur le marché.

Personnellement, plutôt que de suggérer les laxatifs, après avoir recommandé aux patientes de prendre "All-Bran" et pruneaux, si dans la soirée les intestins n'ont pas encore fonctionné, je recommande d'utiliser des suppositoires à la glycérine et d'attendre une demi-heure . Si rien n'a encore fonctionné, on peut recommencer.

De cette façon, en très peu de temps, il y aura toujours un bout d'intestin qui aura pu se vider. On évitera ainsi l'accumulation qui peut provoquer une constipation ayant des inconvénients beaucoup plus grands que les simples malaises qu'on a énumérés plus haut.

6) Il faut aussi boire beaucoup de liquide.

Les gens boivent très peu en général. Comme un des rôles du gros intestin est de remettre dans la circulation le liquide qui descend avec les selles, s'il n'y a déjà pas de liquide, les selles deviendront trop dures. L'intestin aura beaucoup plus de difficulté à les éliminer. Ce sera le point de départ de la constipation d'ailleurs souvent associée à la présence d'hémorroïdes. Il faudrait boire au moins cinq à six grands verres d'eau par jour ou un litre à un litre et demi. Et cette habitude devrait être prise par tout le monde.

7) On recommande aussi fortement de faire de l'exercice physique.

La marche ou les exercices abdominaux peuvent être souvent très utiles. Si vous avez la possibilité de pratiquer un peu de sport, c'est aussi excellent. Cela peut aider grandement à faire fonctionner plus régulièrement l'intestin.

8) Le yogourt.

Enfin, j'ajoute une autre suggestion pour aider à régler aussi bien les problèmes de constipation que de diarrhée. Il faut manger du yogourt régulièrement.

Si vous avez un problème, constipation ou diarrhée, associé à la fermentation et, par la suite, à la putréfaction d'aliments dans le tube digestif, *l'usage du yogourt pourra contribuer à régulariser le fonctionnement intestinal,*

à faire disparaître les ballonnements

et tous les malaises qui s'ensuivent.

Il ne faut pas oublier que le yogourt a

toutes les qualités du lait,

aucun de ses défauts et

possède en plus certaines qualités qui lui sont propres comme, par exemple, de pouvoir rétablir une flore bactérienne normale et saine dans un intestin malade.

9) Conditionnement physiologique de l'intestin.

En plus des suggestions précédentes pouvant vous aider à corriger la constipation, voici un autre aspect à considérer.

Trop de gens ont tendance à dire: "Je n'ai pas le temps d'aller à la selle". Ils laissent passer le bon moment. Le besoin disparaît et la constipation s'installe graduellement.

Nous avons déjà parlé de cette mauvaise habitude. Cela doit changer si vous voulez éviter la constipation.

Il faut que toute personne qui a une tendance à la constipation choisisse chaque jour un moment, autant que possible le même, pour se réhabituer à vider son intestin régulièrement. Qu'elle choisisse un moment où elle est sûre de ne pas être dérangée. Elle devra prendre le temps qu'il faut.

Quand on est en pleine activité, tous les muscles sont contractés et, à moins d'avoir une envie pressante, il est impossible d'aller à la selle sur commande. Il faut donc, après s'être assis sur le siège des toilettes, prendre le temps de se détendre pour que les muscles se relaxent et que l'élimination commence.

Ce n'est pas si ridicule que cela après tout de s'apporter de la lecture et de lire pendant 10, 15, 20 minutes ou une demi-heure.

Il faut arriver à développer une certaine régularité pour que les jours suivants, quand les mêmes circonstances se représenteront, le besoin de vider votre intestin se fasse sentir.

Il ne faut pas remettre à plus tard ce besoin plus ou moins pressant quand il se présente. L'accumulation de déchets dans l'organisme peut favoriser l'apparition de la cellulite ou nuire au traitement.

Chapitre XVI

Phase médicale du traitement

Dans les chapitres précédents, nous avons expliqué longuement la partie la plus importante du traitement contre la cellulite.

Voyons maintenant les aspects particuliers de ce traitement.

Cela concerne surtout l'aspect médical, c'est-à-dire l'emploi d'injections d'enzymes et, à l'occasion, l'usage de petites doses de diurétiques.

Cette partie du traitement est évidemment temporaire et de courte durée.

Elle se divise en deux phases.

1. La phase de décongestion, de nettoyage.
2. La phase de maintien et de remodelage.

La phase de décongestion

Au début du traitement, nous nous trouvons en face de tissus très congestionnés facilement mis en évidence par la présence plus ou moins marquée de la "peau d'orange".

Il s'agit donc de décongestionner les tissus et de les nettoyer de cet excès de liquide et de déchets toxiques qui s'y trouvent.

D'abord et avant toute chose, il faut dès maintenant mettre en pratique tout ce programme de vie que je viens de vous expliquer.

Ensuite, nous ajoutons le traitement particulier.

D'abord, les enzymes.

Les injections d'enzymes, ou d'hyaluronidase, ont pour rôle de remettre sous forme liquide l'eau qui est en gelée dans le tissu conjonctif et d'en assurer l'élimination.

Ces enzymes agissent aussi sur l'eau qui n'est pas en gelée en permettant de la faire sortir plus rapidement de l'épaisseur du tissu conjonctif.

Par le fait même, cela aide à décongestionner les tissus, assure l'élimination de cette eau en excès et entraîne les toxines qui se trouvaient ainsi emprisonnées.

Nous avons beaucoup de dossiers dans lesquels des gens ont perdu très peu de poids, moins de dix livres, mais jusqu'à 5 centimètres (2 pouces) de tour de cuisse. Quant aux 12 centimètres (5 pouces) par exemple de "peau d'orange", ces gens les ont vu diminuer pour être ramenés à 1 ou 2 centimètres (1/2 ou 3/4 de pouce).

Les nodules se sont décongestionnés et la douleur, quand il y en avait, est disparue.

Les injections d'enzymes

L'enzyme utilisé dans ces traitements est donc l'HYALURONIDASE.

Une première question se pose: Est-ce vraiment efficace?

Depuis plus de quinze ans où j'ai l'occasion de traiter des cas de cellulite, je peux assurer que cliniquement *l'hyaluronidase* joue un rôle très utile pour faire dégonfler les bourrelets, c'est-à-dire pour faire diminuer la cellulite.

Comme on l'a dit antérieurement, la cellulite est une infiltration d'eau dans l'épaisseur du tissu conjonctif qui, sous l'influence de l'acide hyaluronique entre autres, se transforme en substance colloïdale ou gelée par association à des mucopolysaccharides. Cette gelée ne peut être éliminée facilement.

> Le rôle de l' hyaluronidase est de remettre cette eau sous forme liquide et de l'éliminer.

Avant d'aller plus loin dans l'explication du rôle de l'hyaluronidase dans le traitement de la cellulite, je vous cite un extrait de la monographie que la maison Wyeth donne avec son produit:

> **"Mode d'action**
>
> C'est par une action enzymatique que l'hyaluronidase crée l'hydrolyse de l'acide hyaluronique. Celui-ci est un polysaccharide présent dans les interstices des tissus où il a pour fonction normale de s'opposer à la diffusion de substances étrangères.

> En favorisant la diffusion des liquides dans les humeurs, l'hyaluronidase en facilite donc l'absorption. Elle exerce la même action que le facteur de diffusion de Duran-Reynals, (1a.) En l'absence du facteur de diffusion, toute substance introduite par la voie sous-cutanée se diffuse lentement, *dès que l'hyaluronidase intervient, la diffusion de cette substance s'accélère*, à condition que la pression locale qui règne au sein du tissu interstitiel soit suffisante pour fournir l'impulsion mécanique nécessaire. Or, normalement, toute solution injectée provoque une telle impulsion. La vitesse de diffusion est proportionnelle à la quantité d'enzyme présent et le degré de diffusion est proportionnel au volume de la solution injectée (2a: b.)"

La deuxième question que l'on peut se poser est: est-ce que ce résultat est prouvé en laboratoire?

Non, c'est-à-dire qu'il n'y a pas eu d'expérience précise faite avec deux groupes de patients dont un aurait reçu de l'eau et l'autre des enzymes.

En clinique privée, la chose est assez difficile. Je ne vois pas comment je pourrais faire accepter à un certain nombre de patientes de recevoir des injections d'eau pendant quelques semaines alors que d'autres recevraient des injections d'enzymes. Ce serait leur demander des déplacements inutiles pour venir au bureau alors que le temps de la plupart des gens est compté et de recevoir des injections inutilement tout simplement pour faire une preuve de laboratoire.

Personnellement, je considère les résultats assez probants pour que je n'aie pas le besoin de faire cette contre-preuve avec des injections d'eau.

Depuis 15 ans, j'ai vu beaucoup de patientes qui avaient suivi toutes sortes de traitements contre la cellulite sans obtenir de résultats. Dès qu'on leur donnait les injections d'enzymes, elles obtenaient des résultats, très souvent même sans perdre plus d'une ou deux livres. Ces patientes avaient souvent un poids normal, malgré de petits bourrelets et de la "peau d'orange", c'est-à-dire de la congestion des tissus au niveau des cuisses, des fesses et des hanches. Les mesures indiquaient une diminution de volume et la "peau d'orange" disparaissait pratiquement complètement. C'était l'indice de cesser les injections d'enzymes puisque la congestion était disparue. On évitait ainsi de donner des doses d'enzymes inutiles.

Une autre question qu'on est amené à se poser dans ces circonstances est: *avons-nous des raisons scientifiques valables d'utiliser les enzymes dans le traitement de la cellulite*, outre un résultat clinique probant? Avant d'utiliser les enzymes et d'obtenir de tels résultats cliniques, il fallait, il me semble, avoir une raison valable d'essayer un tel traitement.

Cette raison scientifique valable d'utiliser les enzymes dans le traitement de la cellulite existe depuis longtemps.

Déjà, en 1953, à l'époque où je faisais de l'internat en pédiatrie à l'hôpital de la Miséricorde, il nous arrivait d'avoir à donner des sérums à des bébés beaucoup trop petits pour les recevoir dans une veine. *On injectait alors 200 cc de sérum dans la peau de la fesse*, ce qui faisait une bosse relativement grosse étant donné que le liquide ne s'absorbait que très lentement. *Si on injectait une certaine dose d'enzymes, l'eau était tout de suite absorbée par l'organisme*. Par la suite, on introduisait d'emblée l'enzyme dans le sérum qu'on injectait sous la peau de la fesse. Le sérum était absorbé à toutes fins pratiques aussi rapidement que s'il avait été donné dans une veine.

À propos de cette utilisation d'enzymes faite déjà lorsque j'étais interne, vers la fin de mon cours de médecine, je vous cite encore un extrait de la monographie de la maison Wyeth concernant l'hyaluronidase et plus particulièrement l'hypodermoclyse ou, en d'autres termes, l'instillation d'un sérum sous la peau.

> "Hypodermoclyse: Introduire l'aiguille sous la peau avec les précautions habituelles d'asepsie. Une fois qu'on s'est assuré que la pointe de l'aiguille joue librement entre la peau et le muscle, commencer la clyse; le liquide doit pouvoir s'écouler librement sans douleur ni gonflement. À ce moment, injecter la

> solution de Wydase* dans le tube de caoutchouc, à proximité de l'aiguille. *Une autre méthode consiste à injecter la solution de Wydase sous la peau, avant de commencer la clyse.* Se rappeler que 150 unités doivent faciliter l'absorption de 1000 ml ou plus de sodium".

Et plus loin on ajoute:

> "*On aura intérêt à employer Wydase pour faciliter la diffusion de solutions, même minimes (jusqu'à 200 ml): petites clyses à des nourrissons ou solutions médicamentées administrables par voie sous-cutanée.*"

Résumons les conditions d'utilisation du médicament dans les circonstances que je vous expliquais précédemment.

* Nom commercial de l'hyaluronidase.

Il y avait introduction d'une certaine quantité de liquide dans le tissu sous-cutané, dans le tissu conjonctif, et l'enzyme en favorisait l'absorption.

Quelle comparaison peut-on faire avec la cellulite?

On a dit que la cellulite était une infiltration d'eau dans l'épaisseur du tissu conjonctif, c'est-à-dire le tissu de rembourrage sous la peau.

Il y a donc présence d'un excès de liquide.

Alors, comme pour les bébés à qui on avait donné du sérum sous-cutané dans le tissu conjonctif, il ne nous restait qu'à essayer de donner une injection d'enzymes pour voir si cela amènerait une décongestion des tissus en faisant réabsorber cette eau dans la circulation générale.

Les essais ont été faits depuis plusieurs années déjà (près de 20 ans) et les résultats ont été à la hauteur de ce qu'on attendait.

Mais il ne faut pas se fier uniquement aux enzymes qui jouent un rôle temporaire de nettoyage et de décongestion des tissus.

Si on ne corrige pas les causes principales de la cellulite, il est bien évident que la congestion pourra recommencer assez rapidement.

> De toutes façons, cet enzyme, l'hyaluronidase, est un *enzyme naturel* du corps humain qui, en principe, doit jouer le rôle d'empêcher une accumulation excessive d'eau dans le tissu conjonctif. Cette accumulation est favorisée, elle, par la présence d'un acide appelé hyaluronique.
>
> Dans certains cas, chez certaines personnes, il peut arriver qu'il y ait insuffisance de cet enzyme, soit par hérédité ou à cause d'un problème métabolique acquis au cours des années. Dès qu'il y a une déficience de cet enzyme, l'eau s'accumule et se transforme en substance colloïdale ou gelée.
>
> L'injection d'hyaluronidase contribue à rétablir l'équilibre rompu.

N'y aurait-il pas danger d'en injecter trop et que cela puisse provoquer un déséquilibre, une déshydratation des tissus?

Non.

Un enzyme, c'est un catalyseur.

Qu'est-ce qu'un catalyseur?

Un catalyseur est une substance qui, introduite dans le cours d'une réaction chimique, favorise celle-ci et souvent même la rend possible uniquement en sa présence alors qu'elle ne pourrait pas se produire si l'enzyme ou le catalyseur en question n'était pas présent. Il s'agit ici d'un catalyseur chimique.

On peut avoir aussi un catalyseur physique comme, par exemple, l'élévation de la température qui permettra à deux corps de se mélanger alors qu'à froid ils ne pouvaient pas se mélanger.

Un exemple. Toutes les femmes ont eu l'occasion de vouloir faire dissoudre du sucre dans un liquide. Après en avoir versé une certaine quantité dans un liquide froid, très tôt elles s'aperçoivent que le liquide devient saturé, c'est-à-dire qu'il contient assez de sucre et qu'il ne peut plus en absorber davantage. Le sucre en surplus ne fond pas.

Par contre, si on fait chauffer le liquide, on arrive à dissoudre une beaucoup plus grande quantité de sucre que lorsque le liquide était froid.

La chaleur a donc été un catalyseur physique, c'est-à-dire qu'elle a permis de faire dissoudre davantage de sucre dans le liquide. Quand le liquide refroidit, le sucre reste dissous. Cela nous donne un sirop très épais même si la chaleur n'est plus là.

Dans le cas d'utilisation d'un catalyseur chimique comme c'est le cas avec un enzyme comme l'hyaluronidase, c'est le même phénomène qui se produit. L'enzyme favorise la réaction chimique mais ne fait plus partie des nouvelles substances produites à la suite de la réaction chimique.

Au point de vue pratique, dans les cas de cellulite, l'acide hyaluronique a favorisé l'augmentation de la substance colloïdale ou gelée en associant l'eau à des protéines. L'hyaluronidase, en agissant comme catalyseur, a dissocié les molécules d'eau et a permis à cette eau de redevenir liquide et de pouvoir s'éliminer.

L'hyaluronidase ne fait plus partie de la réaction chimique. Elle n'a même pas été détruite dans l'ensemble et elle pourra encore servir à assurer un équilibre au niveau des liquides dans le tissu conjonctif.

De même que la chaleur fait dissoudre une certaine quantité de sucre supplémentaire, mais pas sans limite, l'hyaluronidase fera dissoudre une certaine quantité d'eau supplémentaire sans toutefois rompre l'équilibre.

Pour plus de détails sur les enzymes en général, vous pouvez en référer au *Dictionnaire marabout de la médecine* au mot "enzyme".

Effet secondaire

Certaines gens prétendent que ces injections d'enzymes sont dangereuses.

Résumons-nous encore une fois.

L'hyaluronidase est un enzyme de diffusion des liquides à travers les tissus. Dans la cellulite, l'eau s'infiltre et se transforme en gelée. Cet enzyme remet cette eau sous forme liquide. Cela permet de l'éliminer.

Cet enzyme est aussi utilisé lorsqu'on donne des sérums sous-cutanés à des bébés, comme nous en avons déjà parlé.

Si un jeune bébé de quelques semaines ou quelques mois peut supporter cet enzyme sans danger, à plus forte raison un adulte. Et ces traitements aux bébés se donnaient il y a déjà plus de 25 ans. Si cela avait pu présenter des inconvénients, nous aurions eu le temps de les découvrir. Mais ce n'est pas tout.

Une expérience de laboratoire

On a donné des doses extrêmement fortes d'hyaluronidase à des animaux pour voir si cela pouvait entraîner des troubles au niveau de la tension artérielle, de la respiration, de la température du corps ou du fonctionnement des reins, ou si cela pouvait provoquer des changements histologiques, c'est-à-dire dans la constitution des tissus, etc. Avec des doses cinq cent (500) fois plus fortes que la dose thérapeutique donnée à un adulte en traitement pour la cellulite, *on n'a obtenu aucun signe de troubles, de modifications pathologiques, de malaises ou de dangers chez les animaux qui sont en plus beaucoup plus petits que les humains.*

Je vous cite encore la monographie qui accompagne l'enzyme utilisé.

> "Administrée à l'animal par voie intraveineuse, à la dose énorme de 75,000 unités N.F. (soit 500 fois la dose thérapeutique) l'hyaluronidase n'a provoqué aucune modification notable de la pression sanguine, de la respiration, de la température du corps et de la fonction rénale. Histologiquement, aucun changement dans les tissus, 1b.2a.b.c."
>
> "L'étude expérimentale de l'influence de Wydase sur la consolidation des os permet de conclure que cet enzyme seul, aux doses cliniques ordinaires, n'entrave pas la cicatrisation osseuse"5b. Cette substance ne favorise pas l'expansion d'une infection locale et ne semble pas affecter l'évolution des infections microbiennes 2B ou des infections à virus dans la région enflammée 2b.c."

Je crois que tout cela est suffisamment probant pour affirmer que les injections d'hyaluronidase sont absolument sans danger.

Enfin, en dernier ressort, ces injections sont aussi employées depuis une vingtaine d'années en chirurgie esthétique, en particulier pour le visage, chaque fois où il risque d'y avoir oedème ou hématome.

À ce titre, je vous cite encore la même monographie de la maison Wyeth concernant l'utilisation de l'hyaluronidase (Wydase) dans les cas d'hématome ou, à l'occasion, dans certains cas de chirurgie.

“Résorption de transsudats sanguins. 3,4a,4b,5

Hématomes. On injecte 500 unités de Wydase directement au sein de l’hématome. 5A Dans l’oedème post-opératoire aux interventions sur l’oeil 4a, b, 5a on injecte 150 unités dans la région oedématiée, une à deux fois par jour. Pour la rhinoplastie, 5e on ajoute Wydase à l’anesthésique (procaïne à 1%) dans la proportion de 125 unités par 25 ml de la solution, outre 0,5 ml de chlorhydrate d’épinéphrine au 1/1000. Dans la paraphimosis, 5c on procédera à l’infiltration de 150 unités de Wydase autour de l’anneau d’étranglement. En vue de réduire le gonflement pré-tibial du myxoedème. Rosman5d conseille des injections sous-cutanées de 900 unités de Wydase deux fois par semaine et, en outre, l’application de pansements compressifs, jusqu’à disparition de l’oedème. Contre les gonflements traumatiques consécutifs à des interventions dentaires, 5a injecter une solution de 150 à 500 unités de Wydase dans la région atteinte, la dose étant proportionnelle à la gravité et à l’étendue de l’oedème.

Pour favoriser la diffusion d’hématomes, provenant d’hémorragies traumatiques des parties molles, 5b et ainsi prévenir le risque imminent d’une contracture de Volkmann ou une myosite ossifiante éventuelle, on injecte 1500 unités de Wydase par de multiples points et on applique une pression, un bandage élastique par exemple. Dans l’hémarthrose hémophilique, 5b après avoir administré du plasma ou du sang pour abaisser le temps de coagulation, on introduit une aiguille de jauge 20 dans l’articulation, avec les précautions habituelles d’asepsie et on en extrait de 3 à 4 ml du sang noir et visqueux. On injecte alors 1500 unités de Wydase dans une solution de procaïne à 1% et on pose un bandage élastique ferme. Une seconde injection peut s’avérer nécessaire dans un délai de 24 heures, 5b.

Dans les kystes aponévritiques et tendineux, on fait une petite papule intra-dermique au moyen d’un anesthésique local, par exemple la procaïne. Avec une grande aiguille (16 à 19 de jauge), on injecte dans le kyste, sous un volume de quelques ml, 500 unités de Wydase et de 0.5 à 1 ml de procaïne à 1%. On aspire alors le contenu de la cavité et on y applique un pansement compressif pendant 24 heures 14a.”

“*Pour les opérations esthétiques de la face* (sauf pour la rhytidectomie),

Thale8b ajoute 150 unités de Wydase à 20 ml d’une solution de chlorhydrate de procaïne à 2%, avec épinéphrine au 1/50,000. Pour la rhytidectomie, les proportions étaient de 150 unités par

25 ml de la solution de chlorhydrate de procaïne à 1.5%, avec épinéphrine au 1/100,000. Dans la plupart des cas, on préparait le mélange Wydase anesthésique local quelques minutes avant son emploi.

En Chirurgie Ano-Rectale9, injecter environ 18 à 25 ml d'une solution préparée par dissolution de 300 unités de Wydase dans 50 ml d'une solution de procaïne à 1% avec 0.5 ml d'une solution U.S.P. au 1/1000 chlorhydrate d'épinéphrine.

En Chirurgie Occulaire4, les proportions sont les suivantes: pour un ml de solution anesthésique contenant du chlorhydrate de procaïne à 2%, 0.4% de sulphate de potassium et de l'épinéphrine, au 1/200,000 ou au 1/20,000 (selon le but de l'injection), on ajoute 6 unités de Wydase (soit dans la proportion de 150 unités de Wydase par 25 ml de solution anesthésique)."

Une petite rougeur

Les seuls petits inconvénients que nous ayons eus suite à ces injections furent quelquefois une petite plaque rouge avec un peu de démangeaison à l'endroit de l'injection. Ce n'est pas une réaction qui se reproduit régulièrement chez la même personne mais cela arrive à l'occasion. Cette réaction est d'ailleurs assez rare. La raison de cette réaction est la suivante.

Les quelques fois où cette réaction s'est produite, il s'agissait presque toujours de cas où les tissus étaient très congestionnés et durs.

Il suffit d'injecter l'enzyme un peu plus profondément pour que le liquide ne remonte pas dans l'épaisseur de la peau, ce qui cause une irritation locale. On pourrait aussi choisir un autre site d'injection où la cellulite est moins dure donc le tissu moins congestionné.

Certaines patientes ont dit avoir eu des sensations de "fatigue" dans les jambes le soir des premières injections. Cela se produit généralement chez celles qui ont beaucoup de cellulite et dont les tissus sont très congestionnés. Par ailleurs, nous n'avons jamais constaté le moindre inconvénient avec ces injections.

* * *

Différentes méthodes pour donner les injections

Il y a plusieurs théories sur la façon de donner les injections et de faire pénétrer le médicament à travers la peau pour atteindre les régions bourrées de cellulite.

Les injections en étoile

D'abord les méthodes les plus anciennes. Il y a plusieurs années, surtout en France, mais aussi à Montréal, on avait l'habitude de donner les injections en étoile.

Pour ce faire, il fallait prendre une aiguille très mince et très longue qu'on insérait à un point précis de la cuisse, généralement là où il y avait beaucoup de cellulite. On faisait glisser la pointe de cette aiguille sous la peau et le plus loin possible mais sans aller en profondeur. Il fallait rester dans le tissu conjonctif immédiatement sous la peau et y injecter un peu de médicament. Ensuite, on retirait presque complètement l'aiguille sans la sortir de la peau. On la repoussait toujours sous la surface de la peau mais dans une autre direction. On faisait ainsi le tour du point d'insertion.

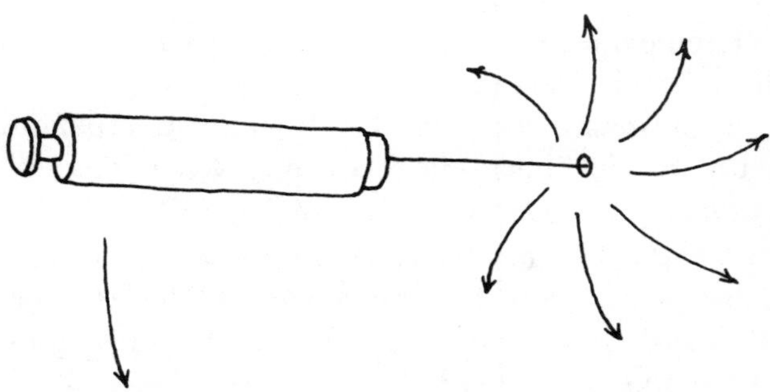

Comme vous pouvez le voir sur le dessin, chaque flèche indique la direction dans laquelle on insérait l'aiguille. Ce qui fait qu'il y avait généralement un rond de tissu conjonctif d'environ 5 à 10 centimètres (3 ou 4 pouces) de diamètre qui était piqué au cours d'une injection.

Cette méthode est moins utilisée. D'ailleurs, elle n'est pas nécessaire.

Une substance de diffusion

L'enzyme utilisé, l'hyaluronidase, est un enzyme de diffusion.

Le premier rôle de cette substance est donc de faire réabsorber le liquide qui est jusqu'à un certain point emprisonné dans l'épaisseur du tissu conjonctif sous la peau. Le principe même de la diffusion est justement de filtrer au travers des tissus. En conséquence, même si on ne pique pas à différents endroits, pourvu que l'enzyme soit bien introduit dans le tissu conjonctif, il favorisera la réabsorption de cette eau dans la circulation sanguine en dissolvant la gelée.

La substance agit à la fois localement et aussi d'une façon générale dans l'organisme. Pour cela, je considère qu'il est inutile d'utiliser cette méthode de piqûre en étoile au risque de blesser les tissus sous-cutanés et de provoquer une certaine inflammation.

Une seule injection donnée dans le tissu conjonctif suffira à produire les résultats escomptés sans qu'il soit nécessaire de piquer à plusieurs endroits. Le liquide se répandra tout autour du site de l'injection et ira même agir dans d'autres régions où il y a de la cellulite.

On a souvent vu des patientes traitées pour une cellulite au niveau des cuisses, voir disparaître très rapidement une petite bosse (bosse de bison) située sur la nuque au niveau des dernières vertèbres cervicales.

La seringue à pointes multiples

Une autre méthode a été employée par la suite. Elle se voulait un perfectionnement de la première. Il s'agissait d'une plaque contenant dix, douze ou quinze aiguilles qu'on appliquait d'un seul coup. Le liquide passait à travers chacun des points de piqûre pour couvrir une surface de 5 à 10 centimètres (3 à 4 pouces) de diamètre. C'était fait d'un seul coup au lieu d'être fait en étoile avec une même aiguille.

À mon avis, cette méthode est mauvaise. En plus d'être très douloureuse, elle cause des réactions locales.

Le principe consiste à faire pénétrer du même coup un certain nombre d'aiguilles dans le tissu sous-cutané. Cela n'est pas facile à réaliser. La peau de la cuisse *n'étant pas une surface plate*, il y aura forcément des pointes qui ne seront pas assez profondément enfoncées et, de ce fait, *le risque de réaction cutanée locale est presque constant.*

Des injections quotidiennes

En France, très souvent, le traitement était donné à raison d'une injection par jour pendant dix jours. Suivait un arrêt de dix jours puis la reprise de dix jours d'injections en étoile.

J'ai comparé les résultats obtenus d'après les statistiques des médecins français employant cette méthode avec les miens en donnant une double injection une fois par semaine à l'endroit où il me semble qu'il y a le plus épais de cellulite (généralement sur le haut de la cuisse).

Au bout de six semaines donc, avec beaucoup moins d'injections, j'avais obtenu autant sinon plus de résultats quant à la diminution du volume de la cellulite que les autres avec vingt injections en étoile données en un mois.

L'ionisation

La méthode par injection est, à mon avis, la meilleure façon de faire pénétrer un supplément d'hyaluronidase dans l'organisme.

Il existe cependant une autre façon de procéder, bonne elle aussi, quoiqu'à mon avis un peu moins efficace et moins commode parce que demandant plus de temps. *C'est l'ionisation.*

Le principe de l'ionisation est de déposer l'enzyme, dissous dans des conditions bien particulières, sur la peau qu'on recouvre d'une plaque. À l'opposé du membre ou de la région où l'on veut faire pénétrer l'enzyme, on dispose une autre plaque. Ensuite on fait passer un courant électrique entre les deux plaques.

Il semble que cette méthode favoriserait la pénétration de l'enzyme à travers la peau dans le tissu conjonctif contenant de la cellulite.

On dit qu'environ 60% du médicament peut pénétrer dans un laps de temps de 45 minutes.

C'est une méthode valable.

Elle a des inconvénients. Elle demande plus de temps au patient.

Elle ne fait pénétrer qu'une partie du médicament utilisé sur la peau alors que l'injection fait pénétrer le médicament *instantanément* et *au site de la cellulite.*

À ce propos, cela m'amène à vous citer encore un extrait de la monographie de la maison Wyeth concernant l'hyaluronidase utilisée en ionisation pour le traitement du lymphoedème.

La cellulite a souvent été associée à du lymphoedème et il n'y a pas de doute que sans qu'il s'agisse de la même maladie, la cellulite et le lymphoedème sont de proches parents.

Cela nous amène encore une fois à considérer l'hyaluronidase comme le médicament de choix pour traiter la cellulite.

Voici cet extrait de la monographie de la maison Wyeth:

> "*Ionothérapie du lymphoedème et des ulcères cutanés chroniques.*
>
> Pour administrer Wydase par iontophorèse, ajouter de 150 à 1500 unités de Wydase à 250 ml d'une solution tamponnée à l'acétate (11.42 Gm d'acétate de sodium 3 H_2O 0.923 ml d'acide acétique glacial et de l'eau distillée q.s. pour 1000 ml). Le tampon se prépare en solution concentrée. On enveloppe la région à traiter d'un linge en coton imbibé de la solution enzymatique fraîchement préparée. Une électrode en spirale est enroulée autour de ce linge et le tout est enveloppé d'un pansement en coton élastique humide. On connecte cette électrode au pôle positif de la pile sèche à 45 volts d'un appareil galvanique. Quant au pôle négatif, on le connecte à une électrode composée d'un coussinet d'amiante humide. On augmente le courant graduellement jusqu'à 10 à 20 milliampères et on le garde à cette intensité pendant 10 à 30 minutes. 12 c.d."

Les diurétiques

Puisqu'on a dit que la cellulite *est une infiltration d'un excès de liquide dans l'épaisseur du tissu conjonctif, il est donc important, après avoir dissous cette gelée par l'enzyme, de s'assurer de son élimination hors de l'organisme.*

Évidemment, le fait de retourner dans la circulation cette eau qui était immobilisée dans les tissus augmentera la diurèse au moins dans une certaine proportion. Cependant, si la personne est tendue ou fatiguée, si elle ne dort pas bien ou ne mange pas comme elle le devrait, il peut arriver que les tissus, qui viennent à peine de se débarrasser de cet excès de liquide, soient enclins à le réabsorber quand l'effet de l'enzyme diminuera au bout de quelques jours, surtout s'il s'agit de patientes dont les tissus sont un peu déficients en hyaluronidase.

C'est pourquoi il peut être utile de prescrire un peu de diurétiques pour assurer une élimination plus rapide de cette eau remise dans la circulation.

Toutefois, notre but est non pas de déshydrater les gens mais de faire circuler l'eau un peu plus rapidement. En conséquence, on demande à la patiente de boire beaucoup d'eau. L'eau ainsi ingérée est propre et provoque une élimination plus rapide de l'eau déjà dans l'organisme qui entraînera avec elle les déchets et les toxines accumulés.

Il s'agit donc de faire un rinçage.

On peut aussi utiliser des tisanes de queues de cerises ou d'autres tisanes comme diurétique.

Oedème et cellulite

Les diurétiques ne font éliminer que *l'eau liquide* dans la circulation ou celle qui vient tout juste de passer au travers des parois des vaisseaux pour envahir les tissus sous-cutanés et former ce qu'on appelle l'enflure ou l'oedème.

Ce n'est pas nécessairement de la cellulite.

Ce qu'on appelle enflure ou oedème, c'est simplement une accumulation de liquide dans le tissu sous-cutané mais comme cette accumulation de liquide est récente, elle est habituellement temporaire et se trouve localisée dans les parties les plus basses du corps humain. Si vous êtes debout, ce sont les pieds qui enfleront. Si vous êtes couchée, les fesses et le dos seront gonflés par ce surplus d'eau.

La principale différence entre l'oedème ou enflure et la cellulite est que cette eau-là *est encore sous forme liquide et peut être éliminée très facilement par des diurétiques.*

Il n'est pas absolument nécessaire de prendre des diurétiques mais l'expérience nous prouve que c'est utile. Cela aide à faire décongestionner les tissus plus rapidement.

Toutefois, l'usage de diurétiques doit se faire de façon modérée.

Diurétiques en petites doses

On ne donne que de petites doses de diurétiques.

On ne doit pas les donner tous les jours.

Pourquoi?

Il faut reparler ici de l'hypophyse, notre cerveau endocrinien. Cette glande sécrète entre autres deux hormones:

- une qui commande l'élimination des liquides par le rein,
- l'autre qui freine l'élimination des liquides par le rein.

Cette opération assure aussi un taux égal de sodium (ou sel) dans l'organisme, permettant à celui-ci de conserver son équilibre idéal pour permettre un fonctionnement physiologique normal.

Cet équilibre dépend entre autres de la concentration d'eau et de sodium dans les différentes parties du corps humain. Cette concentration doit toujours être la même. Il ne doit pas y avoir plus de sel ou moins de sel que telle quantité bien précise nécessaire à la bonne santé.

S'il y a trop de sel, il y a rétention d'eau donc oedème et plus tard risque de cellulite.

S'il y a moins de sel, il y a une élimination d'eau plus grande pour maintenir la bonne concentration du sang et des autres liquides physiologiques. Il pourrait y avoir risque de déshydratation.

Supposons qu'on donne *une dose de diurétiques très forte* et qu'on la donne surtout *pendant une période de temps assez longue*, l'hypophyse laissera la pilule faire le travail et ne s'occupera plus de voir à l'élimination de l'eau.

Au bout d'un certain temps, comme l'hypophyse ne produira plus son hormone pour éliminer l'eau, la dose de diurétiques, c'est-à-dire la pilule qu'on prendra pour éliminer l'eau, ne fera que remplacer le travail de la glande.

Vous vous retrouverez au point de départ.

La rétention exagérée d'eau recommencera si vous prenez trop de sel. Votre organisme se sera habitué au médicament et pour retrouver son effet, il faudrait augmenter la dose, ce qui est déconseillé.

Avec de petites doses la glande travaille

Si on donne une *dose faible de diurétiques* et surtout *si vous ne la prenez pas régulièrement tous les jours*, la glande continuera de produire son hormone et la pilule jouera un rôle supplémentaire produisant une élimination d'eau un peu plus abondante sans perturber le travail de la glande.

En résumé:

Avec des doses faibles,

- on ne perturbe pas l'équilibre d'élimination de l'eau dans l'organisme,
- on ne trouble pas le fonctionnement de l'hypophyse et
- on évite de provoquer une déshydratation, c'est-à-dire une sécheresse exagérée de la peau, sécheresse qui n'est pas souhaitable si on veut éviter par exemple les rides et certaines démangeaisons.

Une parenthèse.

On dit souvent que l'utilisation de diurétiques fait perdre du potassium.

Si on s'en réfère aux commentaires de certains médecins de la clinique Mayo à propos de l'usage des diurétiques pour le traitement de l'hypertension, *si on ne mange pas salé*, une dose de diurétiques faible ou moyenne suffit et ne fait généralement pas perdre de potassium.

Ce sont là les seuls médicaments plus ou moins couramment utilisés au début du traitement.

Ensuite, ils ne sont plus nécessaires.

Il peut arriver que certains tranquillisants aident à contrôler le stress. Cela ne doit être qu'à titre temporaire. Il faut se rappeler que la bonne alimentation, l'exercice physique et le repos sont beaucoup plus efficaces pour améliorer la santé.

Cela nous amène à la fin de la phase médicale du traitement anti-cellulite.

Le traitement ne durera que quelques semaines, surtout si vous n'avez pas de poids à perdre ou que vous avez perdu ce que vous aviez à perdre.

Ensuite on passe à la deuxième phase.

Chapitre XVII

La deuxième phase du traitement

Pendant la deuxième phase, on cesse de donner les injections chaque semaine. Quant aux diurétiques, si vous en prenez, vous diminuez graduellement pour cesser d'en prendre assez rapidement.

C'est la phase de remodelage qui commence. Cette phase est la vôtre. C'est vous qui allez faire tout le travail.

La deuxième phase est très importante.

Quant à sa durée, c'est évident qu'elle est beaucoup plus longue puisque vous devrez en tenir compte jusqu'à la fin de vos jours.

La deuxième phase comprend:

1) quelques injections d'enzymes à des intervalles assez éloignés pour éviter toute réinfiltration d'eau dans les tissus durant la phase de remodelage;

2) une alimentation saine;

3) de l'exercice physique;

4) du repos;

5) le port de bas-culottes élastiques;

Le port des bas-culottes élastiques dans la phase de remodelage *est très utile et souvent absolument nécessaire.*

D'ailleurs, toutes les femmes, et en particulier celles qui doivent rester debout ou marcher beaucoup, devraient porter un bas-culotte élastique plutôt qu'un bas-culotte ordinaire.

6) Certains traitements dans l'eau.

* * *

Évidemment, si vous suivez un traitement anti-cellulite avant que n'ait commencé la déformation de la cuisse, pour vous la deuxième phase se réduit aux points 1, 2, 3 et 4 surtout. Toutefois, si vous travaillez debout, le bas-culotte élastique pourra vous aider.

Un traitement chez soi

La deuxième phase du traitement contre la cellulite se fait dans sa presque totalité chez vous, sans consultations suivies ou fréquentes chez le médecin.

Elle s'applique indifféremment à toutes les personnes traitées pour la cellulite avec ou sans déformation de la cuisse.

On peut diviser cette phase en deux: la phase d'entretien et la phase de remodelage.

La phase d'entretien

Premièrement, il s'agit d'une phase d'entretien.

Si la personne ne faisait qu'un peu de cellulite, sans grandes déformations des tissus, en particulier au niveau de la cuisse, si les fibres élastiques sont bien conservées, la peau se replace d'elle-même. Le tissu n'ayant pas été trop modifié dans son essence même, tout rentre dans l'ordre à condition que la personne continue de faire attention. Sinon la cellulite peut recommencer.

Phase de remodelage proprement dite

Elle concerne les personnes dont les tissus ont été déformés.

Pour les personnes chez qui la cellulite a provoqué une déformation,en particulier sur la cuisse et le genou, la phase d'entretien devient plutôt une *phase de remodelage.* C'est là que le bas-culotte élastique et les traitements dans l'eau deviennent nécessaires en plus d'une alimentation saine, de l'exercice physique et du repos.

Donc cette phase de remodelage comprend:

1) un bon régime de vie soit:

   une alimentation saine,

   de l'exercice physique,

   du repos.

Tout ceci a été traité longuement dans les chapitres XII, XIII et XIV.

2) Quelques injections d'enzymes à intervalles irréguliers;

3) le port de bas-culottes élastiques;
4) des traitements accessoires comme massage, hydrothérapie;
5) la chirurgie éventuellement.

La nécessité d'un remodelage

Celui-ci est nécessaire dès qu'il y a une déformation des tissus

- à la face interne du genou,
- à la face externe de la cuisse,

s'il y a des ondulations tout le long de la cuisse, soit à l'intérieur, soit à l'extérieur

ou si la cuisse apparaît comme capitonnée même après un traitement comprenant les injections d'enzymes.

Chez ces gens, même après la première phase du traitement, alors qu'on peut présumer qu'il ne reste plus d'eau en gelée dans les tissus, *la cuisse n'a pas repris sa forme normale.*

À la palpation, on découvre qu'elle a la consistance d'une éponge vidée ayant perdu toute élasticité.

La durée

Plus les tissus sont déformés, plus cette phase est longue. De toutes façons, considérez un minimum d'un an et demi à deux ans.

Enzymes à l'occasion

Depuis plusieurs années, nous avons fait l'expérience suivante.

Les personnes qui ont fait beaucoup de cellulite et ont eu des déformations assez marquées bénéficient toujours de quelques injections d'enzymes à certaines occasions comme au printemps ou à l'automne. Cela contribue à bien nettoyer les tissus et les aide à se reformer.

Pourquoi est-ce si long?

Le tissu conjonctif, vous vous rappelez ce tissu de capitonnage sous la peau, s'est modifié lorsque l'eau s'est infiltrée et s'est transformée en gelée. Ce tissu doit donc se modifier de nouveau pour redevenir normal. Cela ne peut se faire que par le renouvellement des cellules. Or, les cellules ne se renouvellent pas d'un seul coup ni en une semaine ni même en quelques mois. Il faut laisser aux tissus le temps de se transformer. La nature agit toujours très lentement. La déformation a été lente, le remodelage ne peut pas se faire très rapidement non plus.

Comment aider au remodelage de la cuisse?

La bicyclette

L'exercice physique et, en particulier, la bicyclette, surtout d'intérieur, peuvent jouer un rôle très important tant au point de vue de la santé que pour le remodelage de la cuisse en particulier.

Nous en avons parlé longuement au chapitre XIII. Je vous invite à y référer de nouveau.

Les bas-culottes élastiques

Toute personne qui travaille debout ou qui marche longtemps devrait obligatoirement porter des bas-culottes élastiques en tout temps.

Quant aux autres, cela serait utile pour les protéger contre la fatigue et le risque de varices.

De toutes façons, la personne qui a besoin d'un remodelage de la cuisse doit porter obligatoirement un bas-culotte élastique contenant de 20 à 24% de "spandex".

Ainsi, la jambe sera toujours enserrée dans un moule. À mesure que les cellules abîmées seront remplacées par des cellules neuves, celles-ci prendront la forme qui leur est imposée. Graduellement, la cuisse pourra se reformer et reprendre la forme qu'elle devrait avoir.

Cela donne de bons résultats. Cependant, il ne faut jamais être pressé.

Les tissus ont pris des années à se déformer sous l'effet de la cellulite. Il faut compter un temps assez long pour les reformer. Les personnes qui font vraiment attention bénéficient beaucoup de ces traitements.

La chirurgie

La chirurgie peut aider dans certains cas de cellulite.

Entendons-nous bien. La chirurgie ne traite pas la cellulite. Celle-ci doit d'abord être traitée médicalement. Ensuite, la chirurgie vient compléter le traitement et contribue à faire disparaître les ondulations *dues à une peau trop étirée* ou *qui contient trop de vergetures*. La chirurgie peut donc resserrer cette peau par de petites incisions faites à certains endroits et la retendre comme si vous remontiez un bas. Les résultats sont vraiment très encourageants.

N'allons pas plus loin sur ce terrain. Les techniques évoluent rapidement.

Sachez toutefois qu'il y a une possibilité de correction avec la chirurgie quand les tissus sont bien nettoyés et que la peau a été trop étirée.

Chapitre XVIII

Traitements accessoires

Depuis plusieurs années, toutes sortes de traitements ont été proposés contre la cellulite.

En tête de liste, on retrouve évidemment les massages de toutes sortes, bons, mauvais, utiles et inutiles.

Les massages

Dans les traitements contre la cellulite, c'est un élément de plus en plus controversé.

Sont-ils bons?

Sont-ils utiles ou inutiles?

Donnent-ils des résultats valables?

Ou au contraire sont-ils nuisibles?

Les massages étaient autrefois considérés comme la seule véritable solution au problème de la cellulite.

Pour ce faire, on utilisait les doigts ou encore certains appareils. Le but était un ramollissement de la cellulite qui se faisait en brisant les nodules ou ces petites coques remplies d'eau en gelée que l'on désigne sous le nom de cellulite, pour permettre l'élimination de cette eau.

Personnellement, j'ai toujours été contre les *massages trop violents provoquant ou causant de la douleur.*

Si un massage provoquait des bleus ou une certaine douleur, certes il pouvait être efficace

pour briser certaines parties du treillis fibreux du tissu conjonctif

et favoriser une certaine élimination de l'eau de la cellulite.

C'est vrai en général.

Mais, *à cause de cet arrachement des tissus*, cela pouvait très souvent provoquer, en guérissant ensuite, la formation de certaines adhérences, de certaines "cicatrices" internes du tissu conjonctif.

Pour ces raisons, je crois qu'à la longue cela ne pouvait pas toujours donner des résultats valables. Par contre, cela pouvait très souvent favoriser un ramollissement des tissus difficilement réversible, c'est-à-dire que les tissus étaient difficiles à faire durcir par la suite.

L'opinion de quelques autres

Pendant longtemps, presque toutes les publications parlant de cellulite et tous ceux qui la traitaient utilisaient les massages "à tour de bras" pourrait-on dire.

Les temps changent

Mais les temps changent.

Maintenant je peux m'appuyer sur des citations de personnes qualifiées traitant aussi la cellulite.

D'abord, le docteur Pierre Dukan, auteur d'un bon ouvrage intitulé *La Cellulite en Question,* désigne parmi les traitements locaux *nuisibles* tous les *massages traumatisants*, et je cite:

"1. *Les massages traumatisants*

Cette technique de massage consiste à s'attaquer directement et en force à la cellulite."

Il explique plus loin:

"Ce massage a trois objectifs:

1) décoller la cellulite du muscle sur lequel elle adhère;
2) tordre et casser les bourrelets;
3) pincer et briser toute résistance.

Ces séances sont très douloureuses et la région traumatisée est rapidement envahie par les bleus ou ecchymoses."

Comme vous le voyez, l'opinion du docteur Dukan rejoint la mienne concernant la formation de bleus et la douleur provoquée.

Le docteur Dukan ajoute un peu plus loin:

"Combien de patientes n'ai-je pas entendu dire: c'est bon signe, ma cellulite commence à ramollir. Malheureusement, ce ramollissement n'améliore pas la cellulite mais l'aggrave, car non seulement son volume ne diminue pas mais elle risque de perdre sa consistance."

Là encore je suis d'accord avec lui. J'ai toujours prétendu qu'il ne fallait pas trop amollir la cellulite par des moyens mécaniques mais qu'il fallait plutôt libérer les tissus d'une façon physiologique.

Plus loin, le docteur Dukan condamne les massages traumatisants avec beaucoup de vigueur:

"Vous devrez donc savoir que le massage traumatisant est une aberration. Il est d'ailleurs scandaleux de le voir encore pratiqué à une si grande échelle.

Ce traitement est inutile car vos gouttelettes de cellulite sont emprisonnées dans un feutrage épais et aucune manipulation si douloureuse et violente soit-elle n'arrivera à la libérer en force."

Comme vous le voyez, il n'y va pas de main morte dans sa condamnation. Il détaille assez longuement les inconvénients et les risques de tels massages:

"Mais par contre et ce qui est plus grave:

c'est le décollement de votre cellulite. En effet, si ces séances se prolongent, vous risquez de la voir flotter et onduler sur vos cuisses et vos genoux;

l'irritation locale doit augmenter et entraîner irrémédiablement une nouvelle poussée de cellulite;

de plus, votre circulation déjà défectueuse va encore s'aggraver après l'éclatement de ses nombreuses veines et capillaires;

enfin, dans les mois qui suivent ces traitements, vous risquez de voir apparaître des vergetures dues à l'éclatement des fibres élastiques."

Et la conclusion du docteur Dukan n'est pas moins absolue:

"Le massage traumatisant est donc à rejeter définitivement de l'arsenal anti-cellulite. La plupart des kinésithérapeutes consciencieux et compétents ne le pratiquent plus, car ils savent qu'il existe d'autres techniques de massages bien plus efficaces et que j'ai classées plus loin parmi les vrais traitements de la cellulite."

Le docteur Dukan s'en prend ensuite à certains massages donnés par des appareils qui, remplaçant les mains humaines, contribuent aussi et peut-être même avec plus de violence à un arrachement des tissus. Il désigne ainsi les massages par air soufflant: "Comme son nom l'indique, il s'agit encore d'un massage; mais la main du kinésithérapeute a été remplacée par un jet d'air d'une extrême puissance et sortant d'une machine soufflant avec un bruit d'enfer. Ce jet est appliqué sur votre peau et fait vibrer et onduler votre cellulite sur laquelle des vagues spectaculaires se déchaînent. Les résultats sont peu encourageants et confirment qu'une cellulite prisonnière ne peut être libérée par des moyens mécaniques directs.

Par contre, la violence du jet peut aggraver votre mauvaise circulation locale. De plus, si ces traitements se prolongent, ils risquent de décoller et de ramollir votre cellulite."

Plus loin, le docteur Dukan énumère quelques formes de massages qui peuvent rendre service pour traiter la cellulite. Il place dans les traitements adjuvants de la cellulite ce qu'il appelle le *massage circulatoire*, c'est-à-dire celui qui peut être fait à la main ou par certains appareils:

"Il (le massage circulatoire) consiste en un "effleurage appuyé" et un "glissé profond" appliqué en remontant. Il doit être doux et rythmé. Il est très efficace et entraîne un bien-être et une détente extrêmes. Il est conseillé de le pratiquer en fin de journée tout spécialement sur les personnes travaillant debout. Son inconvénient majeur est qu'il est long. En effet, pour masser correctement les deux membres inférieurs sur les deux faces, il faudrait vingt minutes par côté. De plus, il est dur à pratiquer et fatigue autant le masseur qu'il repose le malade."

Le livre du docteur Dukan est certainement un des plus intéressants publiés sur la cellulite. Je ne suis cependant pas toujours d'accord avec lui quant aux causes de la cellulite et certaines parties du traitement qu'il préconise.

Je ne m'en tiendrai cependant pas à sa seule opinion.

Je vous cite à ce propos l'*Encyclopédie de la Médecine de A à Z** dont voici quelques extraits:

"Massage, nous y voilà.

La grande question, faut-il ou non faire masser sa cellulite?

La plupart des spécialistes y ont renoncé sauf dans certains cas bien définis. Après avoir proclamé pendant 50 ans qu'un massage bien fait, pétrissant et écrasant les amas de cellulite était le seul traitement efficace, on admet enfin qu'il peut être nuisible sur les filtreurs déjà en voie de fibroses. Le massage même le plus parfait techniquement parlant achève tout simplement de briser les fibres élastiques déjà fort mal en point et provoque par écrasement des nodules des hématomes inévitables, c'est-à-dire des épanchements de sang qui viennent s'ajouter aux déchets que ce tissu a tant de mal à résorber. Les tissus perdent le peu d'élasticité qui leur restait et là-dessus les médicaments n'auront plus qu'une très faible chance d'agir. Les massages ne se justifient encore que sur des cellulites très localisées ou prises à leur tout début, c'est-à-dire au stage de la congestion diffuse quand il n'y a pas encore de blocage du système lymphatique.

Les massages par effleurement ou par friction douce faits en remontant dans le sens de la circulation de retour aident

* pages 889 et ss.

bien au drainage circulatoire et calment les douleurs. Si la circulation lymphatique est déjà bloquée, aucun massage ne pourra la forcer. Tous, en revanche, augmenteront les dégâts et les douleurs.

Il faut donc ne jamais faire exécuter de massage sans un avis médical qui détermine le stade exact de la maladie et juge s'il peut être utile ou non. Par contre, la gymnastique sera toujours conseillée parce qu'elle aidera à lutter contre la mauvaise circulation parfois plus ou moins héréditaire et aussi contre la constipation, ce qui compte beaucoup."

De son côté, le docteur Dukan considère aussi que, d'après ses expériences, les personnes traitées par des massages traumatisants réagissent beaucoup plus mal au traitement médical et obtiennent de moins bons résultats.

Est-il nécessaire d'ajouter quoi que ce soit à ces opinions sur les massages?

Il faut se rappeler que dans le traitement de la cellulite, le point important est d'abord une excellente santé.

Il ne suffit pas de ne pas avoir de maladies pour être en bonne santé. Lorsqu'une personne commence à faire de la cellulite, même très peu, c'est qu'il y a déjà chez elle un certain déséquilibre qui commence à s'installer soit au point de vue hormonal, soit dans ses échanges métaboliques au niveau des tissus, soit parce qu'elle est trop tendue, ce qui peut aussi nuire à un bon équilibre physiologique.

Il est donc nécessaire d'abord que la personne soit en bonne santé.

Les massages, qu'ils soient bons ou qu'ils soient nuisibles, ne représentent malgré tout qu'un détail infime dans l'ensemble d'un traitement anti-cellulite.

Toutes les méthodes que les femmes pourront vouloir employer pour traiter la cellulite sans fournir un effort personnel seront absolument inutiles.

Il faut adopter un programme de vie le plus équilibré possible.

Pour éviter la cellulite, pour la traiter ou pour s'en préserver, il faut faire *un effort de tous les jours et pour toujours*. Vous ne pouvez y arriver par des moyens mécaniques artificiels. Il vous faut prendre un soin très sévère de votre santé et de votre condition physique.

Les appareils électriques

Certains appareils électriques avec des électrodes, c'est-à-dire des plaques à travers lesquelles passe un courant électrique, vont provoquer des contractions musculaires. Ce mode de traitement peut aider dans certaines circonstances par le fait que cela fait bouger les muscles un peu comme l'exercice. En fait, c'est une forme d'exercice *fait passivement, sans aucun effort.*

Personnellement, je reste toujours convaincu que *l'exercice fait activement est plus profitable et donne plus de résultats.*

L'hydrothérapie

Quant à l'hydrothérapie, c'est-à-dire les traitements dans l'eau, les meilleurs sont les *bains de mer.*

Si vous avez au cours de vos vacances l'occasion d'aller à la mer, allez dans l'eau jusqu'à la hauteur des fesses et laissez-vous fouetter les cuisses fortement par la masse d'eau salée de la mer. C'est un traitement excellent.

Quant aux autres formes d'hydrothérapie, celle que je recommande le plus est le bain tourbillon. Attention! Si vous avez des varices grosses ou petites, il ne faudrait pas que le bain tourbillon soit plus que tiède.

Si vous n'avez pas accès à un bain tourbillon, les bains d'eau chaude pris à la maison seront d'autant plus profitables si vous portez un bas-culotte élastique. On procède de la façon suivante: se faire tremper dans l'eau chaude avec les bas-culottes élastiques pendant deux ou trois minutes, faire un certain massage vous-même pour resserrer les tissus et ensuite refroidir la peau avant d'enlever le bas-culotte élastique. L'eau chaude amollit la peau, le bas-culotte remoule la cuisse et le froid la raffermit.

Cela donne des résultats lents, il est vrai, mais visibles à la longue.

Le sauna

Le sauna ou le bain vapeur peut augmenter la transpiration. Cela signifie que vous éliminez de l'eau, mais ce n'est pas l'eau de la cellulite. Ce n'est qu'un peu de l'eau de la circulation en général, eau qui est aussitôt remplacée quand vous buvez ou mangez.

Ces bains sont utiles pour détendre et nettoyer les muscles après un effort.

Ils sont d'autre part à éviter si vous avez des varices ou d'autres problèmes cardio-vasculaires.

Chapitre XIX

Épilogue

Quels résultats attendre du traitement?

Quels peuvent être les résultats du traitement?

Il y a deux possibilités à envisager.

Si les fibres élastiques de la peau n'ont pas été trop étirées, à mesure que l'eau s'en ira le tissu se rétractera, le volume diminuera et la peau restera ferme.

Si le tissu a été trop étiré, il y aura une diminution de volume et une certaine rétraction de la peau, mais incomplète. L'amélioration ne continuera que par le régime de vie, c'est-à-dire quand le tissu conjonctif, devenu comme une éponge sous l'effet de cette eau infiltrée pendant trop longtemps, se réparera et retrouvera son état normal antérieur. Cela peut être long.

On dit qu'il faut sept ans à toutes les cellules du corps pour se renouveler. Alors, considérez que si vous avez mis quatre ou cinq ans à faire un certain degré de cellulite, cela peut prendre quelques années à réparer les dégâts.

Pour les patientes de la catégorie 1, c'est-à-dire celles où il n'y a pas de déformation, les résultats sont excellents et rapides.

Excellents en ce sens qu'on peut faire disparaître la cellulite presque complètement. Quand je dis presque complètement, cela veut dire qu'on ramène la longueur de "peau d'orange" souvent à 1 ou 2 centimètres (1/2 à 3/4 de pouce) au bout des doigts alors que certaines de ces patientes en avaient jusqu'à 12 centimètres (5 pouces). Cela peut prendre de 5 à 10 semaines ou 5 à 10 piqûres. S'il y a 5 centimètres (2 pouces) de "peau d'orange", cela peut prendre de 2 à 5 semaines approximativement.

Pour la catégorie 2, soit les patientes chez qui il y a une certaine déformation, le traitement se fait en deux temps.

Et le résultat du traitement s'obtient en deux temps.

D'abord, il y a la partie du traitement avec le médecin qui dure, selon la longueur de la "peau d'orange", de 2 à 3 semaines ou de 8 à 12 semaines. Dans ces délais, on obtient assez rapidement

une diminution du tour de cuisse,

une diminution de la longueur de "peau d'orange",

une diminution des ondulations ou de l'épaisseur de la bosse.

Mais, et c'est là la différence avec le traitement des cas de la première catégorie, il n'y a pas un résultat parfait tout de suite.

Disons qu'on obtient une amélioration qui varie de 50 à 80% mais le résultat est incomplet à cause des fibres élastiques qui ont été un peu *trop étirées* et qui ne peuvent reprendre leur forme antérieure immédiatement.

C'est là qu'intervient la deuxième phase du traitement. Si la patiente fait attention à son alimentation pendant assez longtemps, si elle tient compte du régime de vie qu'on lui propose: dormir suffisamment, faire de l'exercice physique, etc., graduellement, au cours des mois et des années qui suivront, même sans injection supplémentaire, l'amélioration continuera de se produire.

Mais si la personne recommence à mal manger,
si elle ne dort pas suffisamment,
si elle est surmenée
si elle est tendue,
la situation pourra empirer au lieu de continuer de s'améliorer. Il y aura autant, sinon plus de cellulite, *non pas parce qu'il y a eu un traitement, mais parce que la situation continuera de s'aggraver comme elle l'aurait fait s'il n'y avait pas eu de traitement.*

Quant à la troisième catégorie, *le résultat qu'on peut obtenir, c'est simplement une diminution de volume.*

On n'arrive pas à faire disparaître les bosses, les ondulations et les déformations trop marquées. La seule façon d'y arriver, c'est de faire un "lifting" pour les cuisses et d'enlever la peau en trop après avoir décongestionné les tissus au maximum. Cela redonne une certaine fermeté à la cuisse.

Disons que dans ces cas-là on arrive quand même à diminuer le volume de la cuisse, à enlever la congestion et la douleur s'il y en a, et il y en a généralement plus que dans les autres catégories. Enfin, on empêche la situation d'empirer.

Conclusion

LE TRAITEMENT DE LA CELLULITE EST D'ABORD UN TRAITEMENT POUR AMÉLIORER LA SANTÉ, DONC UN TRAITEMENT DE PRÉVENTION DE BIEN D'AUTRES MALADIES

PAR UNE ALIMENTATION SAINE,

PAR DU CONDITIONNEMENT PHYSIQUE ET

PAR SUFFISAMMENT DE REPOS.

SI L'ON CONSIDÈRE QUE L'APPARITION DE LA CELLULITE MARQUE LE DÉBUT DE TROUBLES AU POINT DE VUE DE LA SANTÉ, EN LA TRAITANT, ON DOIT POUVOIR ÉVITER BEAUCOUP D'AUTRES MALADIES QUI POURRAIENT SE DÉCLARER DANS UN AVENIR PLUS OU MOINS RAPPROCHÉ.

Ces notes sur la cellulite et son traitement sont le résultat de lectures d'abord et ensuite (*et surtout*) d'observations cliniques sur le sujet.

Des comparaisons avec les différents modes de traitement préconisés ici et là m'ont amené au modèle de traitement décrit dans les pages précédentes.

Les résultats obtenus de cette façon nous forcent à admettre la réalité de ce que les femmes appellent la "cellulite".

C'est mon opinion sur la cellulite.

Chapitre XX

La cellulite en 12 paragraphes

1) La cellulite ne se guérit pas

Il faut se mettre dans la tête que la cellulite ne se guérit pas d'une façon définitive mais peut se traiter.

2) Pas de traitement-miracle

Il n'existe pas de traitement-miracle contre la cellulite. C'est un travail de tous les jours comme manger et dormir. C'est la constance d'un régime de vie équilibré qui assurera le succès du traitement.

3) Faire un effort

Il faut absolument que vous compreniez qu'il est impossible d'obtenir la moindre amélioration de votre cellulite si vous ne faites pas vous-même l'effort nécessaire pour changer certaines de vos habitudes de vie comme une mauvaise alimentation, pas assez d'exercice physique ou trop de tension.

4) Les causes

Il faut travailler à améliorer votre santé le plus possible pour devenir apte à supporter tous les stress auxquels vous pourriez être confrontés dans la vie.

5) Le rôle des enzymes

Il faut vous rappeler que les injections d'hyaluronidase données dans les traitements de la cellulite n'ont qu'un rôle bien précis à jouer, c'est-à-dire de remettre sous forme liquide l'eau qui est en gelée dans les tissus et d'aider à faire éliminer cette eau. Ne pas oublier que cet enzyme se retrouve normalement dans le corps humain mais que vous pouvez en manquer.

6) La peau ondulée

Il ne faut pas appeler cellulite la peau qui est trop étirée sur les cuisses, tant à l'extérieur qu'à l'intérieur, et qui forme des ondulations. *La cellulite, c'est l'eau qui est en gelée.* La peau ondulée est une peau étirée qui est devenue trop grande pour le membre qu'elle a à recouvrir. C'est le signe qu'il y a ou qu'il y a eu de la cellulite sous la peau.

7) Les fibres élastiques étirées

Une fois les tissus décongestionnés, le rôle des injections est terminé. Ce ne sont pas les injections qui feront disparaître les ondulations de la peau si les fibres élastiques ont été trop étirées.

8) La deuxième phase du traitement

On arrive donc à la deuxième phase du traitement qui se divise en phase d'entretien et en phase de remodelage.

La phase d'entretien concerne les personnes qui n'ont pas eu trop de cellulite et dont la peau n'était pas trop étirée. Tout est rentré dans l'ordre. Elles doivent cependant maintenir leur attention pour éviter de faire de la cellulite à nouveau.

La phase de remodelage concerne celles qui, ayant eu la peau trop étirée, ont des fibres élastiques qui n'arrivent plus à resserrer le tissu. Elles doivent recourir à des moyens accessoires pour remodeler la peau de la cuisse.

9) Une bonne alimentation, le point capital

Le point capital du traitement, c'est d'abord une bonne alimentation.

Un régime sans sel.

Un régime sans gras.

Au début, on recommande d'éviter les féculents et de manger beaucoup de crudités et de légumes verts pour favoriser une bonne élimination et une bonne désintoxication de l'organisme.

Ensuite, on recommande de manger beaucoup de fruits, beaucoup de protéines et de boire beaucoup d'eau.

10) L'exercice physique

Il faut toujours faire un minimum d'exercice physique pour s'assurer une excellente santé et une bonne condition physique. La présence de cellulite, même chez une personne qui n'a pas de symptômes graves indiquant une maladie, indique un début de déséquilibre dans le fonctionnement normal de l'organisme. C'est donc l'indice d'une santé qui n'est pas parfaite.

11) Savoir se détendre

Le repos par la détente, le sommeil ou la relaxation est très important car il permet de récupérer ses forces et de se sentir en bonne forme non seulement parce qu'on a un bon développement physique mais aussi parce qu'on est détendu et qu'on se sent bien dans sa peau.

12) Les injections d'hyaluronidase

Si la congestion revient, ou même à titre préventif, les injections d'enzymes peuvent être utiles périodiquement dans la suite du traitement.

Bibliographie

Revues

Médecin du Québec, Choquette, Gaston, Ferguson, Ronald James, "L'activité physique dans la réadaptation du coronarien", août 1974.

Médecin du Québec, Girardin, Yvan, Montpetit, Richard, Léger, Luc, "Ski de randonnée, raquette et condition physique", Volume 11, no 12, décembre 1976.

Médecin du Québec, Léger, Luc, Montpetit, Richard, Girardin, Yvan, "Cyclisme et condition physique", Volume 12, no 3, mars 1977.

Médecin du Québec, Léger, Luc, Girardin, Yvan, "Natation et condition physique", Volume 13, no 5, mai 1978.

Médecin du Québec, Montpetit, Richard, Léger, Luc, Girardin, Yvan, "Le racquetball, le squash et la condition physique", Volume 12, no 2, février 1977.

Médecin du Québec, Montpetit, Richard, Léger, Luc, Girardin, Yvan, "Golf et condition physique", Volume 12, no 4, avril 1977.

Médecine moderne, "Vitamine E", Volume 33, no 5, mai 1978, pages 656 à 658.

Notes thérapeutiques illustrées, "L'obésité, aspects du comportement", Parke-Davis, no 10, 1071.

Nutrition Today, Tappel Ph. D., A.L., "La vitamine E", Volume 8, no 4, juillet/août 1973.

Québec-Sciences, "Les graisses et les cardiaques", décembre 1975.

Revue française de gastro-entérologie, Brun, D., Moorjani, S., Lupien, P.J., Bélanger, G., "Chilomicronémie induite par l'alcool dans l'hyperlipoprotéinémie de type 4", no 97, mars 1974.

Science et Vie, "Trop manger — mal manger", hors série, no 117, pages 69 à 80.

Science et Vie, Opie Dr, L.H., "Pourquoi certains sportifs meurent subitement", no 693, juin 1975.

Science et Vie, "L'organisme du sportif", hors série no 123, page 82.

Science et Vie, "Les matières grasses", no 669, février 1975, pages 111 à 120.

Science et Vie, "L'Europe déclare la guerre à l'infarctus", no 692, mai 1975.

Science et Vie, "Alerte au sucre", no 717, septembre 1976, pages 38 à 42.

Union médicale du Canada, Vinay, Patrick, Pesant, Pierre, Beauregard, Hugues F., Bernier, Jacques, Duffault, Camille, "Obésité, revue générale", Tome 98, mai 1969.

Brochures

American Heart Association, *Coronary Risk Handbook.*

American Heart Association, repris par la Fondation canadienne des maladies du coeur, *La voie du coeur d'un homme.*

Angina Pectoris, based on the symposium at Stanford University School of Medecine, mai 1974, Ayers.

Canada, Astrand Dr, P.O., *Santé et condition physique*, Ministère de la Santé et du Bien-être social.

Canada, *Rapport du comité sur le régime alimentaire et les maladies cardio-vasculaires*, Ministère de la Santé et du Bien-être social, 1976.

Canada, *Santé et condition physique*, Ministère de la Santé et du Bien-être social, 1976.

Canada, *Sommaire du rapport de Nutrition Canada sur les habitudes alimentaires*, édition spéciale d'hiver, 1977.

Canada, *Valeur nutritive de quelques aliments*, Ministère de la Santé et du Bien-être social.

Canada, *Contre-attaque au cholestérol*, Service d'information sur la nutrition, Btand Food Division et Canada Starch Co. Ltd., 1977.

Dialogue sur l'hypertension, "Hypertension et nutrition", Smith, Kline & French, janvier 1976.

Ferguson Ph. D., Ronald J., *Exercices amaigrissants*, Sandoz. Heinz, Nutritional Data.

Lam Dr., Lawrence I., *Vivre de bon coeur*, Standard Brand of Canada Ltée, 1969.

Qu'y a-t-il dans l'oeuf?, Standard Brand Canada Ltée.

The Hypertensive Handbook, Merck, Sharp & Dohme Canada Ltée, 1974.

U.S.A., *Composition of Food*, United States Department of Agriculture.

Livres

Akoun, André, Veraldi, Gabriel, *L'inconscient, son langage et ses lois*, Marabout services, 1972.

Andrevet, Robert, Chignon, J.C., Leclerq, J., *Physiologie du sport*, Que sais-je, Presses Universitaires, 1965.

Asimov, Isaac, *Le corps. L'homme, ses structures et sa physiologie*, Volume 1, Marabout Université, 1963.

Asimov, Isaac, *Le cerveau. L'homme, ses structures et sa physiologie*, Volume 2, Marabout Université, 1963.

Best, C.H. et Taylor, N.B., *The Physiological Basis of Medical Practice*, 6ième édition, William and Wilkins Edit., Baltimore, 1955.

Bray Dr., George A., *The Obese Patient*, Saunder Co., 1976.

Cooper Dr, Kenneth H., *Aerobics*, Bantam Book, avril 1968.

Creff, A.F., Berard, L., *Sport et alimentation*, Table Ronde, 1966.

David, Aurel, *La cybernétique et l'humain*, Nrf, 1965.

Encyclopédie de la Médecine de A à Z.

Foss, Brian, M., *Les voies nouvelles de la psychologie. La perception et le comportement*, no 1, Marabout, 1971.

Foss, Brian, M., *Les voies nouvelles de la psychologie. Les fondements de la personnalité*, no 2, Marabout, 1971.

Greishermer Dr, Esther M., *Physiology and Anatomy*, J.B. Lippincott Co., 1950.

Harrisson, T.R., *Principes de médecine interne*, Flammarion, 6ième édition, 1972.

Jacotot Dr., B., *Que faire devant une hypercholestérolémie*, Masson et Cie, 1974.

LeGall Dr, J.R., *Que faire devant une hypertension artérielle*, Masson et Cie, 1972.

Marabout, *La biologie. Les structures*, Collection "Les dictionnaires Marabout Université", 1973.

Marabout, *La biologie. Les êtres vivants*, Collection "Les dictionnaires Marabout Université", 1973.

Marabout Flash, *Le yoga*, 1962.

Marabout Flash, *Je me relaxe*, 1964.

Ostiguy Dr, Jean-Paul, *Un programme de longue vie*, Les Éditions de l'Homme, 1972. (Réédité sous le titre: *Santé et joie de vivre.)*

Ostiguy Dr, Jean-Paul, *Vous pouvez contrôler votre obésité*, Les Éditions de l'Homme, 1974. (Réédité sous le titre *Contrôlez votre poids*, 1976.)

Ostiguy Dr, Jean-Paul, *Sport-santé et nutrition*, Les Éditions de l'Homme, 1979.

Polonowsky, Michel, Boulanger, P., Roche, J., Saunié, C., Macheboeuf, M., *Biochimie médicale*, Masson et Cie, 1948.

Selye, Hans, *Textbook of Endocrinology*, 1949.

Selye, Hans, *Le stress de la vie*, Gallimard-Lacombe, 1956.

Selye, Hans, *Stress sans détresse*, La Presse, 1974.

Tobian, Hunt and All, *Guide to the Clinical Management of Hypertension*, Ch. 8a, pages 52 à 55.

Walker, Kenneth, *Le sang et la vie*, Marabout Université, 1966.

Note

En ce qui a trait à la bibliographie des citations du chapitre XVI, vous pouvez vous référer à la monographie publiée par la maison Wyeth au sujet de son produit Wydase.

Notes

Notes

Notes

Notes

Notes

Notes

Groupe d'Imprimeries **Inter-Mark** Inc.

IMPRIMÉ AU CANADA